Anette Höhnke

Alleine unterwegs auf Island

Eine Rundreise in sieben Tagen

Coverfotos: Anette Höhnke

Verlag: BoD · Books on Demand GmbH,
In de Tarpen 42, 22848 Norderstedt
Druck: Libri Plureos GmbH,
Friedensallee 273, 22763 Hamburg
ISBN: 978-3-7693-0870-9

Eines Tages wirst Du aufwachen und keine Zeit mehr haben für die Dinge, die Du immer wolltest. Tu sie jetzt.

Paulo Coelho

Warum Island? Eine auf den ersten Blick eher ungemütliche Insel im Nordatlantik: Raues Klima, häufiger Regen, viel Wind, viele heiße Quellen aber auch: karge Vulkanlandschaften, raue Natur und Einsamkeit. Naturgewalten, wie ich sie aus keinem bisherigen Urlaub kannte. Und eine ganz andere Urlaubsart: eine Rundreise mit dem Mietwagen – ein Roadtrip. In Summe hören sich die Punkte, rückblickend betrachtet, einfach noch einmal weniger überzeugend an. Und: nur ich, ganz alleine. Eine Herausforderung, ja – aber: Es war ein überwältigendes Erlebnis und ich bin sehr, sehr froh, dass ich es gewagt habe! Island hat mich schon lange fasziniert. Leider habe ich nie einen Reisepartner gefunden, der meine Leidenschaft teilen wollte.

Alleine reisen? Also: so ganz alleine? Ohne Backup? Hm. Das war für mich, obwohl ich sehr selbstständig bin, doch noch einmal ein großer und irgendwie nicht so gewollter Schritt. Also dachte ich mir, dass eine geführte Rundreise mit einem Reisebus für mich vermutlich optimal sei. Oder eine Standortreise mit geführten Ausflügen. Und dann verwarf ich doch alles wieder und ließ mich auf das Abenteuer selbst geplante Mietwagen-Tour ein. Handelte es sich möglicherweise um spätpubertäre Abenteuerlust? Nein, es war eher mein Wunsch, eben einen völlig anderen Urlaub zu verbringen, als ich ihn bisher kannte: ohne Kinder, ohne Hund, ohne brennende Sonne und schweißverursachende Temperaturen, ohne Animation. Und, für mich ganz besonders: alleine (gut, nicht ganz freiwillig: Es wollte halt niemand mit). Das hört sich wirklich nach einem Abenteuer an, oder? Das war es auch – aber im positiven Sinne.

Ich bin leider weder talentierte Fotografin, besitze keine Drohne und auch keine richtige Kamera. Beeindruckende Bilder der unzähligen isländischen Sehenswürdigkeiten wirst du daher in diesem Buch nicht finden – da gibt es genug andere, großartige Veröffentlichungen von Profis oder zumindest eben talentierteren Menschen als mich. Ich möchte dir meine Erfahrungen weitergeben, die ich als alleinreisende Frau auf meiner Rundreise mit einem Mietwagen über die

Ringstraße Nr. 1 auf Island machte; ich möchte meine Gedanken und Erfahrungen teilen, die mich auf meinem persönlichen Abenteuer begleiteten.

Ich habe mich im Vorfeld umfassend informiert – dachte ich zumindest. Viele verschiedene Tipps und Hinweise, die für Touristen auf Island sinnvoll sind, habe ich mir in diversen Reiseführern, Blogs und in Beiträgen in den sozialen Medien zusammengesucht. Und vor Ort festgestellt, dass ich tatsächlich häufig weder besonders gut informiert noch umfassend vorbereitet war. Vielleicht helfen dir meine Erkenntnisse, auch zu einigen Vor- und Nachteilen des Alleinreisens, bei der Planung deiner eigenen Reise – oder zumindest bei deiner grundsätzlichen Entscheidung, dieses Abenteuer zu wagen.

Eine durchgeplante Route (zum „Nachfahren") wirst du hier nicht finden – denn ich selbst habe so viel Sehenswertes auf meiner Rundtour verpasst.

Auf der anderen Seite: Du musst ja meine Fehler nicht wiederholen.

Anhaltspunkte, die dir möglicherweise bei der Planung deiner eigenen Reise helfen: die gebe ich dir gerne weiter. Es gibt viele Tipps von erfahrenen Islandreisenden, die für mich wichtig waren. Alles, was mir (im Nachhinein) relevant erscheint, habe ich in meinem Reisebericht erwähnt. Manche Tipps erscheinen dir zunächst vielleicht unwichtig – ich musste sie mir entweder aus diversen Quellen zusammensuchen oder habe die Situationen selbst erlebt und für mich für wichtig erachtet – und ich selbst hätte mich vermutlich gefreut, wenn ich ein paar meiner vielfältigen Fehler ausgelassen hätte.

Viel zu wenig Zeit, aber besser als gar nicht reisen

Island. Die Insel, die für Feuer und Eis bekannt ist. Ich hatte früher selbst Islandpferde. Unter Islandpferdehaltern in Deutschland ist es ein ungeschriebenes Gesetz, mindestens einmal im Leben selbst nach Island zu fahren.

Damals, als ich mein Pferd noch hatte, setzte ich aber noch komplett andere Prioritäten, was meinen Jahresurlaub anging: Sonne und warm, viele Menschen, gerne Party, bloß nicht zu häufig das Hotelgelände verlassen müssen. Am liebsten wollte ich damals den ganzen Tag am Pool oder am Strand verbringen, auf jeden Fall nicht selbst kochen müssen (oder mir Gedanken über das Essen machen müssen) und, ehrlich gesagt, wollte ich auch meist nicht viel von meinem Urlaubsland außerhalb des Hotelgeländes sehen.

Wandern (oder nur länger spazieren gehen) musste ich als Kind häufig mit meinen Eltern –

und ich habe es damals gehasst: Die Landschaft interessierte mich als Teenager nur marginal; ich sollte mich bewegen – und dann hatte ich ja auch noch meine Eltern im Schlepptau: uncool.

Im Laufe meines Lebens änderten sich meine Prioritäten, was den Jahresurlaub anging, doch recht deutlich. Für eine recht lange Zeit musste ich immer in den Ferienzeiten Urlaub nehmen. In der Hochsaison ist es, zumindest in den klassischen Ferienregionen in Europa, nahezu überall voll und teuer.

Ich begann, auf Ferienhäuser auszuweichen. Denn All-in-Hotels in der Hauptsaison konnte ich mir als zwischenzeitlich Alleinerziehende mit zwei Kindern nicht mehr leisten.

Und mittlerweile hatten wir auch einen Hund, der natürlich mit urlauben sollte. Alles war im Wandel, auch meine Vorstellungen von einem gelungenen Urlaub. Sogar das lange verpönte Wandern fand ich mittlerweile wirklich gut – auch, wenn sich manchmal ganz leise die Erkenntnis einschlich: *Jetzt wirst du so wie deine Eltern...*

Denn meine Kinder fanden Wandern (oder, wie sie es nannten: *„langes, anstrengendes und* *langweiliges Spazierengehen mit Mama"*) damals ebenfalls überraschenderweise absolut uncool.

Je älter und selbstständiger meine Kinder wurden, desto weiter rückte Island als mein eigenes Traumurlaubsziel langsam, aber sicher, immer weiter in den Vordergrund: Wandern in ursprünglicher Natur, raues Klima – denn warm oder gar heiß definierte mittlerweile überhaupt nicht mehr mein Wunschwetter.

Von zuviel Sonnenstrahlung bekam ich mittlerweile häufig und schnell Ausschlag – und braune Hautfarbe rückte für mich als Merkmal für einen gelungenen Urlaub immer weiter in den Hintergrund (und nein, über die Bedeutung und meine damaligen Urlaubsprioritäten müssen wir uns nicht unterhalten – manchmal dauert es eben länger, bis man – ich – vernünftig wird).

Ich beschäftigte mich eingehender mit Island, las Blogs und Reiseführer, informierte mich in sozialen Medien. Und stellte fest: Diese Insel vereinte tatsächlich alles das, was ich mir mittlerweile von einem Urlaub wünschte: Eine überschaubare Anzahl anderer Touristen, die man in größerer Anzahl höchstens mal an den Hotspots trifft (leider gilt das mittlerweile auch nicht mehr so ganz, denn Island ist zum *gehypten Geheimtipp* aufgestiegen) und eine unfassbar beeindruckende, einmalige Landschaft.

Meine Kinder waren mittlerweile groß und selbstständig – und ich konnte zum ersten Mal seit sehr langer Zeit über einen Urlaub nur für mich selbst nachdenken.

Abgesehen davon, dass Island (nicht nur im Vergleich zu klassischen Urlaubsländern wie Spanien oder Türkei, sondern auch im Vergleich zu Deutschland) teuer ist, verunsicherte mich ein wenig die Vorstellung, dieses Land alleine zu erkunden.

Denn weder meine Familie noch den Freundeskreis konnte ich für eine Reise auf die Insel begeistern: zu kalt, zu ungemütlich und außerdem viel zu teuer. Ihren Jahresurlaub wollten alle lieber in vergleichbar günstigen Gegenden mit All-you-can-eat-Buffets, bei sommerlichen Temperaturen mit Schönwettergarantie und mit Pool- oder Partymöglichkeiten verbringen.

Ich war seit vielen Jahren alleinerziehend – mein Traum von Island blieb deshalb auch in späteren Jahren (vor allem finanziell) immer ein

Traum – bis jetzt.

Island ist teuer. Wie ich jetzt weiß: Island ist definitiv sogar *sehr* teuer. In Europa liegt Island an dritter Stelle im Ranking der teuersten Länder (lt. den Zahlen des europäischen Amtes für Statistik, Eurostat). In der Rangliste der teuersten Länder liegen nur noch Norwegen und die Schweiz vor der Insel im Nordatlantik.

Ein Beispiel? *Eine* Pizza und ein Bier kosteten mich (alleine!) mal eben knapp 30,- Euro; für einen Burger und ein Getränk zahlte ich etwa 35,- Euro. Und das war noch kein Essen in einem *guten* Restaurant, hier kostet ein durchschnittliches Abendessen schnell mal umgerechnet 70,- Euro pro Person.

Mangels Mitreisender musste ich also alleine fahren. Für mich, weiblich, Ü50, durchaus ein wenig beängstigend, obwohl ich an sich ein sehr selbstständiger Mensch bin. Aber: Manche Dinge muss man einfach tun – Wünsche und Träume sollte man sich erfüllen, wenn es geht.

Ich selbst habe in den letzten Jahren einige Schicksalsschläge erleben müssen und deshalb stand für mich fest: Diesen Traum erfüllst du dir. Jetzt. Sonst wird das mühsam gesparte Geld doch wieder für andere Dinge ausgegeben. Und ein Urlaub in Island bliebe weiterhin das, was es bis jetzt war: ein unerfüllter Traum.

Anfang des Jahres 2023 fragte ich sicherheitshalber doch noch einmal im Freundeskreis herum - aber niemand hatte Zeit, niemand wollte ins teure, raue Island. Okay, vielleicht wollte auch einfach nur niemand mit *mir* in den Urlaub fahren – das habe ich nicht näher hinterfragt.

Meine (mittlerweile erwachsenen) Kinder hätten tatsächlich durchaus Interesse an einer durch mich finanzierten Reise gehabt – dann hätte ich ja allerdings die Kosten für uns alle selbst tragen müssen. Auch, wenn ich gespart hatte: Das hätte meinen finanziellen Rahmen dann doch weit gesprengt (ich fand Reiseberichte, die für vergleichbare Reisen mit drei Personen Beträge von 10.000,- Euro und mehr aufriefen!).

Dann eben nicht: Ich plante nur für eine Person. Für mich. Alleine. So sehr mich die Aussicht triggerte, nach den vielen Jahren, in denen ich immer für andere verantwortlich war und meine eigenen Bedürfnisse zurückgestellt hatte, eine gewisse Zeit nur Rücksicht auf mich und meine Wünsche nehmen zu können, so sehr schreckte es mich auch: Es würde halt niemand da sein, mit dem ich mich unmittelbar über das Erlebte austauschen könnte. Es würde niemanden geben, der weiterfahren könnte, wenn ich müde würde. Und: Es würde auch niemanden geben, der im Falle einer Panne einen Reifen wechseln könnte. Sicherheitshalber beantragte ich noch schnell eine Mitgliedschaft in einem großen, internationalen Automobilclub.

An irgendeinem Punkt meiner Überlegungen und Planungen dachte ich dann: *Hey, egal! Dein Leben, dein Traum. Ein bisschen Risiko macht das Leben doch erst spannend. Und du warst bisher auch immer mit den wirklich wichtigen Entscheidungen alleine – und hast es doch immer ganz gut hingekriegt. Vielleicht ist es auch okay, wenn du diesen Traum für dich und nach deinen Bedürfnissen verwirklichst und eben mal nicht auf die Wünsche anderer Rücksicht nehmen musst* (Alleinerziehende und pflegende Angehörige werden diesen Punkt und dessen Relevanz möglicherweise nachvollziehen können).

Meine Kinder sind jetzt erwachsen. Und meine anderen Verpflichtungen ließen sich mit etwas

Vorlauf organisieren.

Nach den ersten positiven Rückmeldungen der Familie („Mensch Mama, super, mach doch endlich mal was nur für dich!") stieg ich also in die konkrete Planung des Abenteuers *Island für mich alleine* ein. Recht kurzfristig. Ich bin kein Mensch, der aus lang im Voraus geplanten Dingen viel Freude ziehen kann: Ich brauche einen für mich überschaubaren Zeitraum. Und der ist selten länger als ein paar Monate.

Kurz zusammengefasst: Ich habs getan, ich war 2023 zum ersten Mal auf Island. Als Frau, Ü50 (wobei mein Alter für den Genuss dieser Reise wirklich keine Rolle spielte!), mit einem Mietwagen auf einer selbst geplanten Rundreise auf der Ringstraße und: ganz alleine. Und ich möchte denen Mut machen, die vielleicht noch zögern.

Es war ein Traumurlaub – trotz vieler Sorgen und Bedenken meinerseits und fremdbestimmten Problemen im Vorfeld. Ganz anders als alles, was ich bisher in meinen Urlauben unternommen hatte. Rückblickend sage ich: Für mich selbst war dieser Urlaub eher nicht optimal – aber ich bin lernfähig und werde kommende Reisen an diese

Erfahrungen anpassen. Dann wird es eben weitere Traumurlaube geben: Es gibt Schlimmeres, oder?

Meine Dackeldame konnte ich nicht mitnehmen; Island hat strenge Einreisebestimmungen für Tiere, um erfolgreich Krankheiten von der isolierten Insel fernzuhalten: Touristenhunde dürfen nicht einreisen.

Und es wäre auch definitiv nichts für meinen Hund gewesen: viel zu viel Regen (Wasser von oben: für die meisten Dackel absolut inakzeptabel). Ehrlich gesagt fand ich es tatsächlich aber auch mal ganz angenehm, ohne meinen sonst ständigen vierbeinigen Begleiter unterwegs zu sein: Zum einen, weil ich meine Reise wirklich nur auf meine eigenen Bedürfnisse abstimmen und takten konnte – zum anderen, weil das Einreiseverbot für Tiere halt für alle Touristen gilt: Keine Hundekacke auf den Wegen, keine nicht angeleinten „der-tut-nix"-Hunde in der Landschaft. Für mich, die ich viele Jahre immer allein mit Hund und Kindern in den Urlaub gefahren bin, eine neue und durchaus auch mal angenehme Erfahrung.

Eine Reise mit überraschend vielen Anlauf-Schwierigkeiten – ich bekam tatsächlich zwischendurch das Gefühl, dass *irgendetwas* mir meinen Wunschurlaub partout nicht gönnen wollte.

Geritten bin ich in diesem Urlaub auf Island leider nicht. Im Vorfeld meiner Planung dachte ich, ich hätte nicht genug Zeit. Im Nachhinein weiß ich: Zeit *hatte* ich eigentlich ausreichend, setzte aber meine Prioritäten aus Unerfahrenheit anders. Aber gut: hole ich eben beim nächsten Mal nach.

Denn Island machte mich auf jeden Fall süchtig und ich werde auf jeden Fall noch einmal dorthin fliegen. Ob wieder alleine oder mit Begleitung: egal.

Ich war als Frau alleine dort, bin heil zurückgekommen und es gab in meiner Abwesenheit hier keine größeren Katastrophen.

Ich habe mich als alleinreisende Frau auf das Abenteuer Island eingelassen – und vielleicht hilft es dir bei der Entscheidung, wenn ich meine Erfahrungen aufschreibe. Mir hilft es auf jeden Fall – denn ich muss sowieso ein Ventil für die überwältigenden Eindrücke finden.

Island alleine - als Frau

Island gilt als eines der sichersten Länder der Welt. Natürlich gibt es trotzdem Kriminalität, aber halt (noch) nicht in dem Umfang, den ich aus Mitteleuropa kenne.

Ich habe meinen kleinen Mietwagen oft (Roadtrip: also mit meinem kompletten Gepäck) auf den Parkplätzen an den Sehenswürdigkeiten stehen gelassen, denn ich habe jede Nacht in einer anderen Unterkunft verbracht. Wenn jemand meinen kleinen *Straßenfloh* hätte aufbrechen wollen, hätte er tatsächlich gerne meine Wäsche klauen (und gerne waschen, bügeln und zurückbringen) können.

Ein Hinweis am Rande: *Natürlich kommt es auch auf Island vor, dass Autos aufgebrochen werden. Bevor du eine teure zusätzliche Reisegepäckversicherung abschließt, informiere dich bei deiner Hausratversicherung, ob und in* *welchem Umfang dein Gepäck über deine bestehende Versicherung versichert ist.*

Meine wenigen, wirklich wichtigen Wertsachen hatte ich sowieso immer im Rucksack dabei: Handy, Ausweis, Kreditkarte, Ersatzbrille, Powerbank und Speicherkarten.

Der Start meiner Planung und der Reise selbst war holprig, auch wenn ich damit sehr euphorisch und enthusiastisch (und überaus kurzfristig) begann. Zunächst hatte ich überlegt, eine geführte Bus-Rundreise buchen – ganz kurzfristig, nur gut zwei Monate vor meinem im Job genehmigten Urlaub.

Irgendwie dachte ich, eine geführte Reise sei (fürs erste Mal in einem unbekannten Land) besser für mich. Leider scheiterte das daran, dass zu meinem Urlaubszeitpunkt die Auswahl an geführten Reisen bereits sehr beschränkt bzw. vieles einfach schon ausgebucht war - ich war ja spät dran und zum damals geplanten Zeitraum Ende Juni/Anfang Juli startet in Island die Hochsaison (die F-Straßen im Hochland werden möglicherweise geöffnet!).

Und der Einzelzimmerzuschlag war wirklich

heftig. Eine Übernachtung in einem Zimmer mit mir fremden Menschen wollte ich auf gar keinen Fall.

Also plante ich um. Ein Kollege tauschte netterweise mit mir seinen Urlaubszeitraum. Ich plante nun für Mitte Mai. Noch kurzfristiger! In diesem neuen Zeitraum gab es allerdings kaum geführte Reisen – und wenn doch, waren sie bereits häufig ausgebucht. Ich wollte aber doch unbedingt dieses Jahr nach Island; meine innere Stimme bestand darauf, dass es unbedingt dieses Jahr sein müsse.

Seit meinem fünfzigsten Geburtstag erlebte ich jedes Jahr neue persönliche Überraschungen in Sachen Gesundheit. Ich ging davon aus, dass das wohl nicht mehr besser werden würde. Zu warten, bis ich das Rentenalter erreichte, war daher keine Option für mich – und ich bin auch eher ein ungeduldiger Mensch, wenn ich ein Ziel habe. Wenn ich mich für etwas entschieden habe, möchte ich das auch umsetzen. Möglichst sofort.

Da ich aber trotz aller Euphorie auch auf die Kosten achten musste, entschied ich mich spontan um: Es sollte nun eine Standort-Reise werden. Eine Woche in Reykjavík in einem günstigen, einfachen Hotel. Was *günstig* auf Island bedeutete, war mir damals noch nicht ganz klar.

Von Reykjavík aus wollte ich geführte Bus-Touren in Islands Süden und Westen buchen. Ich hatte auch bereits Flug, Hotel und sogar auch schon einige Ausflüge gebucht, als ich mitbekam, dass genau während meines Reisezeitraums der Europarat in Reykjavík tagen sollte. Einschränkungen und Sperrungen in der Stadt waren vorprogrammiert. Wie gemein. Dabei fand ich meinen Plan doch ursprünglich so gut. Im Nachhinein: gut, dass ich mich dann doch für die individuelle Rundreise entschied.

Ich plante also erneut um: nun also doch eine Rundreise mit einem Mietwagen – tatsächlich mit einem leicht flauen Gefühl im Magen. Rundreise. Selbstorganisiert. Ich alleine unterwegs. Jede Nacht in einer anderen Unterkunft. Bisschen viel Neues auf einmal, fand ich.

Innerhalb kürzester Zeit beantragte ich eine *richtige* Kreditkarte. Ich hatte bis dahin nur eine Debit-Visa-Card, mit der ich in Deutschland prima klarkomme, mit der man aber in Island meist keinen Mietwagen leihen kann (siehe auch die Tipps am Ende dieses Büchleins). Eine selbst geplante Rundreise auf eigene Faust. Neben meinen anfänglichen Bedenken, alleine in einem fremden Land Urlaub zu machen, trug der Gedanke an eine Rundreise zunächst tatsächlich nicht zu meiner Beruhigung bei. Jede Nacht in einer anderen Unterkunft, Leben aus dem Koffer.

Hatte ich noch nie gemacht und ich war mir nicht ganz sicher, ob mir das gefallen würde. Andererseits: Wenn ich es nicht testen würde, würde ich es nie erfahren. Und ich wollte doch nun mal unbedingt dieses Jahr nach Island.

Den Flug hatte ich ja in meiner ursprünglichen Euphorie bereits gebucht, die Organisation hier zu Hause stand. Der Zeitraum für mein Abenteuer stand daher fest (zumal ich beim Flug gespart hatte und natürlich keine Umbuchungs- oder Stornooption dazu gebucht hatte).

Für eine Mietwagenrundreise auf der Ringstraße war mein Zeitrahmen auch im Mai, also im Frühling, sportlich - ich hatte nur sieben Tage Zeit. Ich fand einen Blog, der eine Rundreise auf der Ringstraße in sieben Tagen beschrieb und orientierte mich ein wenig an den dort genannten Zielen.

Interessanterweise: so plante ich meine Reise um die Insel im Uhrzeigersinn. Die meisten Rundreisen auf Island werden entgegen des Uhrzeigersinns geplant. Für mich selbst war *so rum* im Nachhinein die beste Entscheidung und ich würde es immer wieder so machen: Ich hatte von Tag zu Tag eine Steigerung in der Anzahl und Gewaltigkeit der Sehenswürdigkeiten - und ich fuhr gegen den Strom.

Oft war ich auf meiner Spur auf der Ringstraße ganz alleine – bis mir eine Kolonne aus fünf, sechs Fahrzeugen entgegenkam. Ich war oft geradezu einsam oder mit relativ wenigen Menschen an Sehenswürdigkeiten, da die klassischen (Bus-)Stopps auf den Rundreisen in die andere Richtung uhrzeittechnisch antizyklisch zu meiner Tour waren.

Allerdings werde ich auf der nächsten Reise die Zeit- und Kilometer-Abstände zwischen meinen Tageszielen anders takten – *ich bin ja lernfähig!* Dieser kurze Satz wird sich im Laufe meines Reiseberichtes ziemlich oft wiederholen.

Ich habe einige Fehler in meiner Planung gemacht, die meinen Reisegenuss zwar möglicherweise ein wenig minderten (ich habe aber auch so vieles gesehen, was mich überaus beeindruckte). Da ich aber ja noch nicht wusste, was ich alles verpasste, war es nur halb so schlimm.

Ich hätte mir viel eigene Arbeit ersparen können, wenn ich mir die Reise von einer der vielen auf Island-Rundreisen spezialisierten Agenturen hätte zusammenstellen lassen. Dann hätten die Abstände zwischen den Unterkünften vermutlich besser gepasst und ich hätte auch Informationen zu den nicht zu verpassenden Sehenswürdigkeiten erhalten. Gut. Ich wollte aber nun mal alles selbst machen. Und habe halt Lehrgeld gezahlt. Trotzdem war es für mich eine tolle Reise! Und verantwortlich dafür war: nur ich allein.

Für dich aber der Hinweis: Wenn du aus einer kurzen Reise möglichst viel mitnehmen möchtest: Hol dir vielleicht doch besser Unterstützung von jemandem, der sich damit auskennt.

Vielleicht geht es dir aber auch wie mir: Ich habe viel verpasst. Ja. Für mich stand allerdings schon vor Beginn meiner Reise fest, dass ich bestimmt wiederkommen werde. Denn einige Gebiete Islands ließ ich wegen der Kürze meiner

Reisedauer bewusst aus. Mir war damals bereits klar, dass ich in weiteren Urlauben diese verpassten Gebiete erkunden würde. Die Dimensionen, die Anzahl und das Ausmaß der verpassten Sehenswürdigkeiten waren mir damals bei der Planung nicht wirklich klar. Was ich verpasst habe, reicht für mindestens drei weitere Jahresurlaube. Es gibt Schlimmeres.

Zunächst galt es für mich, die erste Hürde zu knacken: Eine Bahngewerkschaft kündigte einen großen Warnstreik an – exakt in dem Zeitrahmen, in dem ich mich doch entspannt mit dem Zug auf den Weg nach Frankfurt zum Flughafen machen wollte. Ich buchte mir also schnell noch ein Hotel in Frankfurt am Flughafen, wollte notfalls eben einen Tag früher fahren und übernachten – und dachte, damit sei ich ziemlich clever.

Das Hotel bot bei einer gebuchten Übernachtung auch einen relativ günstigen Parkplatz für die Dauer meiner Reise an. Glück gehabt, dachte ich – ob mit dem Auto oder mit der Bahn: Du bist auf jeden Fall pünktlich am Flughafen. Fahren konnte (oder wollte) mich nämlich leider niemand.

Ich sah ein wenig fassungslos zu, wie sich die

Ich selbst habe während meiner Reise Temperaturen von 3 bis zu 18 Grad erlebt. In Kombination mit Regen und/oder Wind ist die gefühlte Temperatur einfach noch einmal ganz anders. Island ist definitiv kein Schönwetter-Urlaubsland, darüber solltest du dir klar sein.

Island ist eine Insel im Atlantik, knapp südlich des nördlichen Polarkreises. Für das Wetter gilt ganzjährig die Aussage: *wenn dir das Wetter in Island nicht gefällt, warte fünf Minuten.*

Aber natürlich ist es in den Sommermonaten meist milder als im tiefen Winter. Auf überraschende Wetterkapriolen und vor allem auf den Wind solltest du dennoch immer gefasst sein.

Mein Rückflug von der Insel Ende Mai 2023 wurde wegen eines Orkans gecancelled. Während ich am Flughafen auf weitere Informationen zu meiner Umbuchung wartete, begann es zu schneien. Aber eben nur kurz, ungefähr fünf Minuten lang. Auf meiner Rundfahrt war es im Norden sonnig und richtig warm (um die 18 Grad), so dass ich mehrere Schichten meines allgegenwärtigen Zwiebellooks ablegte. Ich fing mir tatsächlich einen leichten, unerwarteten Sonnenbrand auf der Nase ein – denn

Sonnencreme hatte ich tatsächlich nicht im Gepäck.

Ich kämpfte überraschend lange mit den (im Sommer) zwei Stunden Zeitverschiebung, mit den vielen Eindrücken und mit meinem eigenen und völlig unpassenden Anspruch, nicht rechtzeitig an meinem Tagesziel zu sein.

Erholsam im Sinne von *Ausspannen/nichts-tun* war diese Woche für mich definitiv nicht. Beeindruckend, unvergesslich und einfach unfassbar schön: Das war meine Reise auf jeden Fall.

Unterkünfte

Alle Bekannten, die schon einmal in Island waren, schwärmten von der Erfahrung, ins Blaue hinein zu fahren (immer dem guten Wetter nach!) und erst bei Bedarf eine Unterkunft zu buchen.

Das war vor einigen Jahren selbst in der Hauptsaison noch möglich; mittlerweile ist die Insel in den Sommermonaten aber ziemlich ausgebucht. Auch viele andere Reisende und Agenturen haben die Insel für sich entdeckt. Sicher bekommt man meist noch eine Unterkunft

– dann aber zu Preisen, die *noch* teurer sind als die eh schon hohen *normalen* Preise. Und für Alleinreisende ist das halt einfach noch mal viel teurer (ich spreche da aus Erfahrung).

Hinweis am Rande: Am 12.08.2026 wird auf Island eine Sonnenfinsternis zu sehen sein. Insider berichten, dass jetzt schon viele Unterkünfte ausgebucht sind, obwohl die offizielle Buchungsphase noch gar nicht gestartet ist.

Für eine Reise in den Sommermonaten bietet es sich also an, bereits im Vorfeld Unterkünfte zu suchen und zu buchen.

Ich selbst habe meine Unterkünfte über eine große Buchungsplattform vorgebucht.

Ich habe auch stets (noch) etwas mehr Geld in die Hand genommen, um kostenlos stornierbare Buchungen zu bekommen. Vor Ort habe ich festgestellt, dass die Stornooption zwar grundsätzlich Sinn macht, wenn man z.B. die komplette Reise umwirft (habe ich selbst ja zweimal getan), in Island vor Ort aber nicht eher nicht so viel bringt.

Die meisten Unterkünfte (wenn man sie über ein Buchungsportal bucht) sind mit der Stornooption über große Anbieter bis zu zwei oder drei Tage vor Ankunft kostenlos stornierbar.

Sollte dir nun z.B. das Wetter ganz kurzfristig einen dicken Strich durch deine Reiseplanung machen, nützt dir diese Stornooption allerdings nicht mehr viel. Da ist es tatsächlich besser, direkt bei der Unterkunft gebucht zu haben – auch, wenn es eben ein wenig mehr Arbeit in der Vorbereitung erfordert. Die Unterkunft hat auf jeden Fall mehr davon – und du eigentlich auch. Denn du bekommst so einen direkten Kontakt zum Vermieter – was im Falle von wetterbedingten Problemen durchaus ein Vorteil sein kann – und günstiger ist es meist auch.

Ich gebe zu, dass ich aus Bequemlichkeit bei meinen Buchungen über das Portal geblieben bin, obwohl ich bei einer Direktbuchung in der Unterkunft vermutlich ein paar Euro/ISK weniger gezahlt hätte (jede Buchung über ein Portal kostet den Eigentümer der Unterkunft Gebühren/Provision – und die zahlt natürlich der bequeme Tourist).

Bei einer Direktbuchung sind vermutlich auch

die Chancen besser, eine zufriedenstellende Lösung mit dem Inhaber der Unterkunft zu erreichen, wenn das Wetter einen Strich durch die eigene Reiseplanung macht.

Das passiert tatsächlich häufiger, als ich als unerfahrener Island-Tourist vermutete. Obwohl ich mich doch so gut vorbereitet (und mich damit natürlich auch den *anderen* Touristen überlegen) fühlte.

Das mache ich bei meiner nächsten Reise sicher besser. *Ich bin ja lernfähig.* Muss jeder für sich selbst entscheiden. Eine Möglichkeit, in der Unterkunftsplanung echt flexibel zu bleiben, ist die Anmietung eines Campers. Campingplätze in Island müssen, bis auf ganz wenige Ausnahmen, nicht im Vorfeld reserviert werden. Es gibt viele Plätze in allen Regionen. Motorisiert freistehen ist in ganz Island verboten – und auch nicht nötig. Es gibt sehr, sehr viele Campingplätze. Diese sind relativ günstig und liegen häufig inmitten der atemberaubenden Natur. Viel mehr kann ich zu Campingplätzen auch nicht sagen, da ich sie (noch) nicht getestet habe. Ich bin kein Camper – und mich schreckte wirklich die Aussicht, nach einem verregneten Tag meine nassen Klamotten in einem engen Fahrzeug trocknen zu müssen.

Auf dieser Reise und für mich war es richtig, feste Unterkünfte zu buchen. In meinem Reisezeitraum wurde Island von ziemlich viel Wind und waagerecht fallendem Regen heimgesucht. Es war spannend für mich, diese Naturgewalten zu erleben. Und ich war froh und dankbar, mich zur Nacht in einer festen, warmen und windstabilen Unterkunft auf ein gemachtes Bett fallen lassen zu können (und die Heizung aufzudrehen).

Nun war ich ja auf der Insel und kann mir eher vorstellen, was *Wetter* auf Island bedeutet.

Trotzdem habe ich für meine nächste Reise definitiv das Thema *Mini-Camper* im Sinn – denn du bist als Camper definitiv unabhängiger als mit festen, im Vorfeld gebuchten Unterkünften. Im Laufe meines Reiseberichts wird sich herausstellen, dass ich die Unabhängigkeit in Island gerne noch mehr genossen hätte, aber doch so meine Probleme hatte, mich auf eine Rundreise mit täglich wechselnden Unterkünften einzustellen. Ich hatte vorher noch nie eine ähnliche Reise gemacht.

Im Nachhinein sage ich, dass es offenbar für

mich selbst auch nicht die optimale Art des Reisens darstellt. Möglicherweise kommt es mir eher entgegen, wenn ich etwas mehr Ruhe hineinbringe und zumindest zwei Nächte an einem Ort bleibe.

Ich werde es testen – beim nächsten Island-Urlaub, der bereits in Planung ist. Dann vermutlich mit einem Mini-Camper.

Buchung selbst oder über eine Agentur?

Im Nachhinein gebe ich zu, dass es für die erste Island-Reise mit einem Mietwagen (oder auch: für den ersten Road-Trip überhaupt!) durchaus sinnvoll sein könnte, über eine erfahrene Reise-Agentur zu buchen.

Die Abstände zwischen den einzelnen Tageszielen sind einfach passender, als du selbst sie bei einem begrenzten Zeitkontingent planen kannst. Du bekommst Informationen, die du dir als Individualreisender sonst eben selbst mühsam zusammen suchen musst. Der Aufpreis hält sich, rückblickend betrachtet, eher im Rahmen. Auch wieder Lehrgeld, das ich gezahlt habe. Wobei ich meine selbst geplante Reise nicht schlecht fand – ich hätte allerdings mit Hilfe durch erfahrene Island-Reise-Experten definitiv mehr gesehen und meine Reise vermutlich effektiver gestalten können. Und ich hätte mich ein wenig an den geplanten Zeiten orientieren können – und ziemlich wahrscheinlich auch mehr gesehen.

Ich wollte halt alles selbst machen – und das Ergebnis war ja nicht schlecht, aber eben optimierungsfähig. Ich reiste allein. Echte Einzelzimmer gibt es auf Island nur sehr wenige.

Ich habe in Hotels, Guesthouses und Appartements übernachtet. Die Preise bewegten sich im Bereich zwischen 75 und 220 Euro pro Nacht (Mai 2023). Mal mit Frühstück, mal ohne. Mal war das Frühstück eine Erwähnung wert, mal nicht.

Da ich spät dran war mit meinen Buchungen (und mich auf eine einzige Buchungsplattform beschränkte), war die Auswahl an Unterkünften mit Preisen in meinem Budgetbereich schon recht eingeschränkt. Für mich war tatsächlich (und, wie ich jetzt weiß: dummerweise) mein Tagesziel sehr wichtig. Der Weg ist das Ziel? Die Realisierung dieses recht abgedroschenen Satzes fiel mir wirklich sehr schwer.

Ich hatte noch nie eine Rundreise gemacht. Die Planung machte mir zwar durchaus Spaß (ich las unzählige Blogs, Reiseberichte, Social-Media-Beiträge), ich war aber auch möglicherweise zeitweise mit den vielen Informationen ein wenig überfordert.

Ich konnte mir einfach den Ablauf so einer Reise nicht so richtig vorstellen und stresste mich selbst mit dem allgegenwärtigen Hintergedanken, möglicherweise wichtige, sehenswerte Dinge zu verpassen. Die Erkenntnis, dass ich wegen der Kürze der Reise sowieso gar nicht alles hätte sehen können und dass eben auch vermeintlich unwichtige Stopps zu persönlichen Highlights werden könnten, kam mir erst später – auf Island selbst.

Mietwagen

Die Buchung des Mietwagens war für mich schon fast nebensächlich. Ich wusste, dass ich in der kurzen Zeit, die mir zur Verfügung stand, auf der durchgehend asphaltierten Ringstraße, der Nr. 1, bleiben würde. Zumal das Hochland so früh im Jahr (Mitte Mai) schlicht noch nicht geöffnet ist.

Die sogenannten *F-Straßen* des Hochlands sind um diese Zeit nicht passierbar. Mit einem *normalen* Mietwagen darf man diese Straßen sowieso nicht befahren, selbst wenn sie geöffnet sind. Die F-Roads sind nur für 4x4-Fahrzeuge erlaubt, und auch hier lohnt zusätzlich ein Blick in die Bedingungen der jeweiligen Mietwagenfirma. Da das Thema Hochland für mich eben keins war, kann ich hierzu auch keine Erfahrungen schildern.

Ich wollte nun also meinen Mietwagen buchen und entschied mich für die günstigste Variante, einen Kleinwagen (ich brauchte ja nur Platz für mich selbst und mein Gepäck). Es wurde ein Toyota Aygo. Auch hier: Im Mai können durchaus noch mal winterliche Verhältnisse auf Island herrschen (in der Woche vor meiner Ankunft hatte es in vielen Gebieten geschneit!) – und mein kleiner Aygo keuchte teilweise doch ganz schön bei manchen Steigungen.

Ich hatte vermutlich das Glück der Unbedarften und kam trotzdem überall durch und hoch. Selbst bei den Stürmen, die ich mitbekam, war ich mit meinem kleinen Straßenfloh oft besser dran, als so manche andere Touristen mit dem auf Island überaus beliebten, aber eben eher windanfälligen Dacia Duster. Trotzdem merkte ich mir für die nächste Tour: Ein größeres Fahrzeug buchen. Die Mindestausstattung und der Platz eines Kleinstwagens sind für eine Person zwar absolut ausreichend, aber eben auch nicht wirklich komfortabel.

Mittlerweile ist meine Reise gut ein Jahr her – und zur Zeit gibt es einen Wintereinbruch im Norden/Osten und in den Westfjorden. Da wäre ich mit meinem Kleinstwagen nicht so gut aufgestellt gewesen. Ich sagte ja schon: Ich hatte hier Glück – muss aber eben nicht so sein.

Hinweis: Für die Anmietung eines Mietwagens ist auf Island bei vielen Autovermietungen eine Kreditkarte erforderlich. Und nein, die in Deutschland weit verbreitete Debit-Card reicht oft nicht aus. Oft wird ein Betrag für die mögliche Selbstbeteiligung für Fahrzeugschäden auf der Karte geblockt, was auf einer Debit-Card halt nicht möglich ist (Ausnahmen bestätigen die Regel, es gibt auch Autovermietungen, wo das nicht der Fall ist). Ich habe mir, da ich bis dahin keine "echte" Kreditkarte besaß, kurzfristig noch eine kostenlose Kreditkarte eines großen Anbieters besorgt. Leider verzögerte das übliche Prozedere beim Beantragen von Kreditkarten, auch, wenn es echt schnell ging, alles ein wenig, so dass ich meinen Mietwagen dann erst zwei Wochen später buchen konnte (ich musste bei der Buchung meine Kreditkartennummer angeben). Und siehe da: Die Mietwagen-Preise waren in der Zwischenzeit mal eben um gut 50% gestiegen. Wieder einmal: Lehrgeld.

Flüge

Eine Übersicht über mögliche Flüge suchte ich auf einer Buchungsplattform. Die großen Anbieter von meinem bevorzugten Flughafen waren damals *Lufthansa* und *Icelandair*. Zu dem Zeitpunkt, als ich schaute, unterschieden sich die Preise nur marginal.

Lufthansa hatte die für mich wesentlich angenehmeren Flugzeiten, da ich mit dem Zug nach Frankfurt anreisen wollte. Icelandair landete und startete meist sehr früh morgens oder spätabends – Lufthansa mittags.

Insider behaupten, der Flug sei sechs Wochen vor der Reise am günstigsten. Obs stimmt? Ich weiß es nicht, ich war dafür ja schon zu spät dran.

Einen Tipp habe ich aber doch: Nach Flügen immer im privaten Modus auf dem Rechner schauen, so merkt sich der Browser nicht, wonach gesucht wird. Unter der Woche werden außerdem angeblich günstigere Preise angezeigt als am Wochenende. Ich habe letztendlich bei Lufthansa direkt und das „Zug-zum-Flug"-Ticket direkt dazu gebucht. Hier gibt es vermutlich keine Patentlösung, zumindest kenne ich sie als Laie nicht.

Mir war ein Direktflug wichtig (ca. 3,5 Flugstunden ab Frankfurt). Im ICE auf der Hochgeschwindigkeitsstrecke von Köln nach Frankfurt war ich schneller am Flughafen als ich mit dem Auto für die 40km von meinem Wohnort bis nach Köln zum Flughafen gebraucht hätte (zumal es von Köln aus keine Direktflüge gab).

Ich habe für meinen Flug nach Keflavík und zurück mit Zug-zum-Flug 430,- Euro (inklusive

Aufgabegepäck) gezahlt, was ich für die kurzfristige Buchung absolut in Ordnung fand.

Die Anreise

Ich nahm einen Zug sehr, sehr früh morgens (den ersten!). Und: Endlich klappte mal alles wie gewünscht. Bis auf eine kleine Verspätung beim Abflug – aber die war für mich wirklich nebensächlich.

Ich kam endlich an: Ich war auf Island, konnte es kaum fassen und freue mich heute noch über mein Foto des großen Schilds am Flughafen: *Exit to Iceland.* Die Übernahme meines Mietwagens direkt am überschaubaren internationalen Flughafen in Keflavík war völlig unproblematisch und ich startete endlich in mein ganz großes, persönliches Abenteuer.

Hinweis*: Islands internationaler Flughafen befindet sich in Keflavík (ungefähr 50km außerhalb Reykjavíks). In Reykjavík gibt es zwar ebenfalls einen Flughafen, dieser ist aber ein nationaler Flughafen; dort starten und landen nur Inlandsflüge.*

Vom Flughafen in Keflavík fahren regelmäßig Busse nach Reykjavík (und umgekehrt). Die Tickets kann man im Bus selbst oder an einem Schalter im Flughafen kaufen. Natürlich sind sie nicht billig – aber wesentlich günstiger als ein Taxi sind sie auf jeden Fall. Spontanbuchungen am Schalter im Flughafen sind möglich!

Da ich für meine Reise nur sieben Tage zur Verfügung hatte, war mir klar, dass das Hochland auf mich warten müsste. Und selbst, wenn es bereits geöffnet gewesen wäre: Mein Zeitrahmen war sportlich für mein geplantes Programm.

Für eine wirklich entspannte Umrundung der Insel war die Zeit schon knapp bemessen. Ich setzte mich selbst zusätzlich unter den Druck, soviel wie möglich von meinem Traumland zu sehen, so dass ich mir häufig ein wenig selbst im Weg stand. Und hier beginnt nun mein Reisebericht:

Mein erstes Ziel: der Þingvellir-Nationalpark

Ich landete am frühen Nachmittag in Keflavík. Es regnete. Ich hatte damit natürlich gerechnet und war mit Regenutensilien ausgestattet, hätte mir aber dennoch besseres Wetter gewünscht.

Auf Island regnet es gefühlt alle paar Minuten – hatte ich im Vorfeld gelesen – und das Zwiebel-Prinzip bei Klamotten bietet sich zu jeder Jahreszeit an. Ich hatte mehr als einmal Sorge, womöglich mit einem *Michelin-Männchen* (die Älteren unter den Lesern werden sich möglicherweise an diese Figur erinnern) verwechselt zu werden. Aber gut, ich war ja nicht auf Partnersuche, ich wollte einfach nur nicht frieren und möglichst Feuchtigkeit von den unteren Klamottenschichten fernhalten.

Es war Mitte Mai, die Temperatur betrug etwa 8 Grad Celsius und es regnete. Kein Vergleich zu den Regenschauern, die ich aus meiner Heimat im Rheinland kannte. Egal. *Regen zu Hause* ist schließlich etwas völlig anderes als *Regen im Urlaubstraum*, selbst, wenn das Wasser durch den allgegenwärtigen Wind oft eher waagerecht fiel.

Ich freundete mich mit meinem kleinen Mietwagen an und war vermutlich öfter mal ein Verkehrshindernis, als ich mit den maximal erlaubten 90 km/h über die Straße Richtung Þingvellir-Nationalpark losfuhr. Die Strafen für Geschwindigkeitsüberschreitungen auf Island sind schmerzhaft – und eine Messung ist der Polizei auch bei entgegenkommenden Fahrzeugen möglich. Aber hey, ich war doch im Urlaub - ich musste und wollte nicht hetzen, auch wenn ich für meine Tour sehr wenig Zeit hatte.

Mein erstes Ziel also an diesem Tag auf Island: der Þingvellir-Nationalpark, ein Teil des berühmten Golden Circle *(nebenbei: der Begriff „circle" wird auf Island, vermutlich von Marketing-Menschen, mittlerweile geradezu inflationär verwendet. Neben dem Golden Circle gibt es mittlerweile auch den Diamond Circle und den Silver Circle, meist als Namen für feste Ausflüge. Einheimische kennen diese Namen vermutlich eher weniger – und ich selbst habe mir ehrlich gesagt auch nicht gemerkt, was in welchem Circle zu sehen ist).*

Für die Landschaft hatte ich während der ersten Kilometer noch kein Auge (die Aussichten auf Straße vom Flughafen weg fand ich zunächst auch eher langweilig). Ich war mit dem mäßigen Verkehr, mit dem unbekannten Auto und mit meiner inneren Anspannung beschäftigt. Für jemanden, der den Verkehr auf den Kölner Autobahnringen kennt, war die Fahrt echt entspannt. Trotzdem war ich immer noch ein wenig nervös, alles war ja neu und natürlich völlig anders als zu Hause.

Kurz hinter dem Flughafen fuhr ich runter von der *Reykjanesbraut*, der Verbindungsstraße vom Flughafen Richtung Reykjavík, und hielt an einem Supermarkt, um mich mit ein paar Grundnahrungsmitteln einzudecken. Den Umrechnungskurs isländischer Kronen zu Euro hatte ich nicht so drauf (obwohl ich mir im Vorfeld clevererweise einen Zettel mit den wichtigsten Eckdaten ins Portemonnaie gesteckt hatte – auf den ich in der Praxis aber natürlich nur selten schaute). Die Preise waren mir in dieser Phase meiner Reise, ehrlich gesagt, auch ziemlich egal. Ich wollte einfach für den Abend und den nächsten Morgen etwas zu essen haben (und da ich nicht wusste, was ich umgerechnet in Euro gerade gezahlt hatte, fand ich es auch gar nicht teuer. Oder so).

Der Þingvellir-Nationalpark ist absolut beeindruckend, fand ich, selbst im Regen. Was ich zu diesem Zeitpunkt noch nicht realisiert hatte: Der Nationalpark ist wesentlich größer als dieses kleine, berühmte Stück, das ich mir an meinem ersten Tag in Island ansah. Und ich dachte zu diesem Zeitpunkt immer noch, ich hätte mich umfassend auf meine Reise vorbereitet.

Das Visitor-Center ließ ich entspannt aus und beschäftigte mich stattdessen intensiv mit den Parkautomaten. Natürlich hatte ich mir im Vorfeld, wie empfohlen, die beiden wichtigsten Park-Apps heruntergeladen. Die hier allerdings nicht funktionierten. Das könnte eventuell auch an einem Anwenderfehler gelegen haben – denn Island ist, was den digitalen Fortschritt angeht, definitiv weit vorne mit dabei (und ich selbst bin das möglicherweise nicht).

Als ich dann endlich mein Parkticket hatte, erkundete ich im nach wie vor strömenden Regen eines der Wahrzeichen Islands: den berühmtesten Teil des Þingvellir-Nationalparks. Regen hin oder her: Dieser erste Eindruck von Island war für mich, trotz des unfreundlichen Wetters, definitiv atemberaubend.

Ich konnte es immer noch nicht so ganz glauben, dass ich wirklich dort war – und blieb von Zeit zu Zeit einfach stehen, blickte sprachlos in den grauen Himmel und saugte die Aussichten, die Atmosphäre, die Landschaft in mich auf – und ließ mich ergeben vom Regen gießen.

*Die **Ringstraße**, Hringvegur, die (mit Ausnahme der Westfjorde und Snæfellsnes) einmal außen um die Insel führt, ist insgesamt ca. 1400 km lang und seit 2019 durchgehend asphaltiert. Viele Sehenswürdigkeiten liegen an der Ringstraße oder sind problemlos durch kurze Abstecher erreichbar.*

Nach den vielen Stunden im Zug, im Flieger und dem Auto war ich froh, mir endlich die Beine vertreten zu können. Vielleicht lag es am Wetter, möglicherweise auch an meiner Reisezeit: Ich sah nicht viele Menschen an meinem ersten isländischen Hotspot.

Ich schaute in das glasklare, eiskalte Wasser (ganzjährig 2° Celsius) der Silfra-Spalte, in dem Schnorchel- und Tauchgänge angeboten werden. Ich las im Vorfeld meiner Reise einige Berichte: Es muss ein unglaubliches Erlebnis sein und (zumindest Schnorcheln) ist auch für Unerfahrene möglich. Man wird von den verschiedenen Anbietern mit wärmenden Tauchanzügen ausgestattet und häufig werden sogar Unterwasseraufnahmen von dir vom Team des Anbieters gemacht.

Für mich selbst war dieses Erlebnis aus gesundheitlichen Gründen leider nicht möglich, aber ich denke, dass diese Aktivität und die Erinnerungen daran den hohen Preis rechtfertigen.

Es gibt an der Straße dort übrigens sogar ein Verkehrsschild, das auf Menschen in Tauchausrüstung (mit Schwimmflossen) hinweist – dieses Schild dürfte weltweit wohl sehr selten (oder sogar einzigartig?) sein.

Ich sah die Sommerresidenz der isländischen Premierministerin, die *Þingvallakirkja*, und lief natürlich durch die *Almannagjá* (die Schlucht zwischen den Kontinentalplatten). Der Riss zwischen der eurasischen und der nordamerikanischen Kontinentalplatte verläuft quer durch Island und ist der weltweit einzige sichtbare Spalt oberhalb des Meeres. Jedes Jahr entfernen sich die beiden tektonischen Platten ungefähr 3cm weiter voneinander – Island wächst.

Hinweis: *Ein paar kurze Erklärungen zu ein paar isländischen Vokabeln findest du ganz am Schluss.* Kirkja *bedeutet z.B.* Kirche. *Und* gamla *bedeutet nicht* gammelig, *sondern* alt.

Eigentlich wollte ich mir an diesem Tag noch meinen ersten Wasserfall in Island, den Öxarárfoss, anschauen. Zu diesem Zeitpunkt war ich bereits gut zwei Stunden in Þingvellir durch den strömenden Regen gelaufen. Auch, wenn der Wasserfall nur noch knapp einen Kilometer von meinem aktuellen Standort entfernt gewesen wäre: Mir war langsam doch kalt, ich merkte, dass mir der lange Tag und möglicherweise auch die Anspannung und Aufregung in den Knochen saß. Daher beschloss ich, dass dieser Wasserfall noch ein wenig länger auf meinen Besuch warten müsste und machte mich auf den Weg zu meiner ersten Unterkunft.

Noch unerfahren in isländischer Gastgeberkultur schrieb ich pflichtbewusst meiner Unterkunft eine Mail, dass ich später eintreffen würde. Vielleicht hätte ich auch einfach die Beschreibung in der Buchungsbestätigung genauer lesen sollen: *„Check-in möglich ab...".*

Im Laufe meiner Reise lernte ich, dass das Einchecken in den allermeisten Fällen eh kontaktlos funktioniert – ob ich z.B. um Punkt 17 Uhr oder eben später eintraf, spielte meist keine Rolle, da das Einchecken häufig ohne menschliche Präsenz erfolgte. Und alle Unterkünfte, die ich gebucht hatte, hatten den Check-in digitalisiert bzw. die Rezeption war in den Sommermonaten 24 Stunden besetzt (das betraf vor allem die beiden Hotels, die ich gebucht hatte). Die Zugangscodes und alle wichtigen Informationen bekam ich per Mail. Ich hätte also eigentlich völlig entspannt sein können – war ich aber nicht.

Meine erste Unterkunft war ein einfaches, aber sauberes Motel in der Nähe von Borgarnes - und ehrlich gesagt war ich dann doch ziemlich froh, als ich endlich dort ankam. Ich hatte nicht in Borgarnes selbst gehalten, ein Fehler, wie ich jetzt weiß. Ich hatte auch nicht den "Umweg" rund um den landschaftlich äußerst reizvollen Hvalfjörður genommen, sondern war auf dem direkten Weg zu meiner Unterkunft gefahren. Ebenfalls ein Fehler (weiß ich jetzt auch), den ich bei meiner nächsten Reise ausbessern werde.

Aber ich war echt durch, seit halb vier Uhr morgens (deutscher Zeit) auf den Beinen und einfach müde und platt. Nach ein paar Anlaufschwierigkeiten mit der für mich noch ungewohnten Form des Eincheckens ohne menschliche Unterstützung fand ich mich zurecht und ließ mich nach ein paar Happen von meinem frisch gekauften Essen und einer heißen, leicht nach Schwefel duftenden Dusche ziemlich fertig auf mein frisch gemachtes, überaus bequemes Bett fallen.

Die Zeitverschiebung zwischen Deutschland und Island beträgt im Sommer zwar nur zwei Stunden (20 Uhr in Island - 22 Uhr in Deutschland) – es ist in Island Mitte Mai aber schon bis gut 23 Uhr und ab ungefähr 4 Uhr morgens hell - das alles brachte meine innere Uhr gehörig durcheinander.

Mein Zimmer in dem Motel war absolut zweckmäßig ausgestattet (*zweckmäßig* bedeutet in meiner Schilderung: sauber, trocken, mit eigenem Bad, Kühlschrank, Heizung und Wasserkocher). Später sah ich, dass es in dieser Unterkunft auch kleine Cottages gegeben hätte. Diese lagen etwas netter am Hang, mit einem vermutlich schöneren Blick als aus meinem kleinen Container-Doppelzimmer-Appartement.

Da ich aber eh so müde war, dass ich nur noch schlafen wollte (und die tiefhängenden Regenwolken den Weitblick eh trübten), war mir der Ausblick an diesem Abend nicht so wichtig. In diesem Moment war ich übrigens echt froh, dass ich alleine unterwegs war. Ich war müde und ging ins Bett, wann ich es wollte – obwohl es, rein von der isländischen Uhrzeit, her noch früh (und hell!) war.

Ein Tipp: Falls du Dunkelheit zum Schlafen benötigst, dann besorge dir sicherheitshalber eine Schlafmaske. Die meisten festen Unterkünfte sind auf Menschen eingestellt, die die ungewohnte

Helligkeit in den Sommermonaten nicht kennen und besitzen lichtundurchlässige Vorhänge. Zu der Zeit, zu der ich dort war (Mai), ging die Sonne um 3:30 Uhr auf und um 23:30 Uhr unter.

Ich selbst kann immer und überall schlafen, wenn ich müde bin – und ich hatte übrigens natürlich keine Schlafmaske dabei. Schaden kann eine Maske aber sicher nicht und viel Platz im Gepäck nimmt sie glücklicherweise auch nicht weg.

Ich habe von Menschen gehört, die Ohrenstöpsel vermisst haben. Die (häufigen) Stürme auf Island haben meist eine andere Dimension, als wir sie aus Deutschland kennen und sind echt laut (das zumindest kann ich absolut bestätigen). Ich selbst kann halt immer schlafen, wenn ich müde genug bin – aber im Zweifel nehmen auch Ohrenstöpsel nicht viel Platz im Gepäck in Anspruch.

Der Weg nach Akureyri

Tag zwei. Schon!

Ich liebe das Gefühl, wenn ich mich in meiner Urlaubsdestination angekommen bin und feststelle, dass ich noch einen beruhigend großen Berg an Urlaubstagen vor mir habe.

Dieses Gefühl allerdings wollte sich auf Island nicht so recht einstellen, denn ich wechselte ja jeden Tag die Unterkunft. Für mich neu und ungewohnt – und für mich selbst eher kontraproduktiv, was das Urlaubsfeeling betraf.

Der nächste Tag startete für mich sehr früh – denn, als ich wach wurde und auf die Uhr schaute, war es gerade mal halb vier Uhr morgens (Jetlag!). Die Sonne ging auf. Das realisierte ich da noch nicht so richtig. Sonst wäre ich sofort draußen gewesen! Gut, ich war ja auch sehr zeitig ins Bett gegangen, kein Wunder, dass ich früh wieder wach war.

Ich zwang mich angesichts der Uhrzeit, noch etwas liegen zu bleiben – was mir absolut nicht leicht fiel und verpasste so mal ganz entspannt und unbewusst meinen ersten Sonnenaufgang in Island.

Zum Glück hatte ich mich ja auf dem Weg in meine erste Unterkunft in einem Supermarkt mit etwas Schmelzkäse, Marmelade, Brot, ein paar Tomaten und löslichem Kaffee eingedeckt – so war zumindest das Frühstück an diesem Tag gesichert.

In allen Unterkünften, in denen ich auf Island war, gab es zumindest einen Wasserkocher und einen Kühlschrank. Im Nachhinein kann ich sagen, dass man sich (zumindest außerhalb der *richtigen* Sommermonate) auch ruhig im Supermarkt mit Lebensmitteln eindecken kann, die ein wenig Kühlung brauchen (Gehacktes würde ich jetzt nicht unbedingt holen, aber Butter, der e*inzig wahre* Skyr oder Käse kommen mit den Temperaturen im Kofferraum des Autos um diese Jahreszeit durchaus klar, denke ich).

Ich machte mich also gestärkt und abenteuerlustig (und immer noch sehr, sehr früh morgens) auf den Weg Richtung Akureyri, meinem Tagesziel. Unterwegs hatte ich nur zwei geplante Stopps: den Glanni-Wasserfall mit

Paradísarlaut und den Krater Grábrók. Abstecher von der Ringstraße hatte ich nicht eingeplant – wieder ein Fehler, der mir allerdings zu diesem Zeitpunkt noch nicht bewusst war.

Die Strecke der Ringstraße von Borgarnes bis Akureyri gilt unter Touristen als die langweiligste Strecke in Island – mich selbst hat sie langsam und behutsam an die Gewaltigkeit der Natur auf der Insel herangeführt – und langweilig fand ich sie, allein von der wechselnden Landschaft her, definitiv nicht!

Da ich (sehr!) früh unterwegs war, hatte ich die Straße zunächst oft alleine für mich – ungewohnt für jemanden, der aus einer der am dichtesten besiedelten Gegenden Deutschlands kommt. Ich trotzte dem immer noch fallenden Regen und der dichten, tiefhängenden Wolkendecke und fand mich ganz, ganz langsam in den Rhythmus der Insel ein. Es dauerte noch einige Straßenschilder (an denen ich zunächst mal ganz ignorant vorbeifuhr – und deswegen natürlich einige Sehenswürdigkeiten abseits der Ringstraße verpasste), bis ich realisierte, dass ein bestimmtes Symbol, das hier meist in Verbindung mit einem für mich unaussprechlichen Namen auf einem Schild am Straßenrand prangte, eine Sehenswürdigkeit ankündigte. Die Beschilderung von Haltepunkten in diesem Teil von Island empfand ich eher als rudimentär – der Hinweis auf eine Haltemöglichkeit stand oft sehr knapp davor, und die Straßenseite war eine Lotterie.

Wenn ich den Haltepunkt sah, war ich oft schon vorbei. Einige sehenswerte Dinge (die ich selbst nicht geplant hatte) habe ich so wohl durch schlichtes Vorbeifahren verpasst – nun gut. Ein Grund mehr, zurückzukehren!

Einige Wasserfälle, die einen kurzen Abstecher von der Ringstraße bedeutet hätten, waren ebenfalls nicht in meiner Planung, weil ich die isländischen Namen nicht auf dem Schirm hatte. Und ich fühlte mich doch immer noch so gut vorbereitet...

Die Höchstgeschwindigkeit auf der Ringstraße, der Nr. 1, beträgt in der Regel 90km/h. Es dauerte ein wenig, bis ich bei meinem kleinen Mietwagen herausfand, dass ich im Tempomat auch einfach nur ein Limit einstellen konnte. Den eigentlichen Tempomaten mochte ich nicht, da ich dabei offenbar auch den Spurhalteassistenten aktivierte und dieser mich öfter mal überraschte, wenn ich zu nah an den Straßenrand kam. Hätte ich vermutlich ausstellen können – aber dafür hätte ich mich damit eingehender befassen müssen. Hatte für mich keine Priorität. So stresste ich mich auf meiner ersten, längeren Fahrt doch sehr mit gleichzeitig auf den kaum vorhandenen Verkehr achten, die Umgebung anschauen und nicht schneller als 90 km/h fahren. Das sollte sich mit längerer Reisedauer einspielen. Insofern war es für mich selbst ganz passend, dass ich die vermeintlich unspektakuläre Strecke zu Beginn meiner Rundfahrt hatte.

Mein erster geplanter Stopp an diesem Tag war also beim Wasserfall Glanni und Paradísarlaut.

Glanni. Ein Name, den ich aussprechen konnte, ohne mir die Zunge zu verrenken und der sich außerdem auch noch irgendwie ziemlich nett anhörte, fand ich. Die Zufahrt war zwar ausgeschildert, aber unscheinbar, ich sah sie erst im letzten Moment, obwohl mich mein Google-Navi darauf vorbereitete.

Ich parkte auf dem Parkplatz eines Golfplatzes – und war mir in diesem Moment wirklich nicht sicher, ob ich hier richtig war. Egal – ich war ja ganz alleine (morgens um halb sieben im strömenden Regen); es gab eh weit und breit niemanden, den ich hätte fragen können.

Also stellte ich meinen Straßenfloh ab und lief einfach los. Nach kurzer Gehzeit entdeckte ich ein passendes Hinweisschild. Mir dämmerte, dass ich offenbar umdenken musste und hier auf Island eben nicht mit einer touristensicheren Beschilderung rechnen durfte. Ich fand den Wasserfall – er war wirklich kaum zu verfehlen.

Ich hätte immer nur dem zunehmenden Lärm nachgehen müssen. Weißt du, wie laut Wasser, das von Felsen stürzt, sein kann? Mir selbst war das nicht so bewusst. Der *Glanni* – absolut unspektakulär für isländische Verhältnisse (wie ich jetzt weiß).

Mir gefiel er sehr gut. Er hatte halt auch den Bonus, der erste Wasserfall zu sein, den ich auf Island sah. Ich mag den *Glanni* wirklich gerne – auch, wenn ich mittlerweile die Dimensionen einiger anderer, weitaus spektakulärer Wasserfälle auf Island kenne. Ich verliebte mich direkt in den weiten Blick in die nebelverhangenen Berge in der unverbauten Ferne. Die Wege rund um *Glanni* und *Paradísarlaut* waren offenkundig recht neu angelegt, was aber nicht bedeutete, dass sie nicht matschig waren – sie waren definitiv lehmiger als die von unzähligen Touristen in die Landschaft getrampelten Pfade.

Ich war froh, dass ich Müllbeutel mitgenommen hatte. In den Müllbeuteln parkte ich nach meinen Stopps meine Wanderschuhe – und wechselte für die Weiterfahrt in meine bequemen (trockenen und sauberen) Schlupfstiefeletten. Das Auto blieb sauber und meine Wanderschuhe konnten entspannt bis zu ihrem nächsten Einsatz im Fußraum des Autos trocknen, ohne diesen zu verdrecken. Übrigens auch ein Vorteil, wenn man alleine unterwegs ist: Ich nutzte den ganzen Platz in meinem Mini-Mietwagen zum Jacken aufhängen, Schuhe trocknen, als Ablagefläche für Lebensmittel oder anderes *Gedöns* (rheinländisch für: *alles, was so anfällt und rumliegt*).

Ein wenig weiter auf den Wanderwegen in der Nähe des Glanni-Wasserfalls fand ich dann noch *Paradísarlaut*. Eigentlich ist das *nur* ein kleiner Tümpel mit blau-grün schimmerndem, glasklarem Wasser – allerdings ist er halt einfach auch wunderschön – egal, bei welchem Wetter.

Im Sommer wird der kleine Tümpel vor allem von Einheimischen gerne genutzt und ist dann wohl oft recht voll mit Menschen (und das, obwohl er nicht von einer heißen Quelle gespeist wird!). Als ich dort war (nach wie vor frühmorgens, im Regen und bei 8 Grad Lufttemperatur), war ich ganz allein dort und konnte die beruhigende Atmosphäre und die unglaublichen Farben des klaren Wassers genießen und den Anblick in mich aufsaugen.

Ich fand diesen Spot unfassbar schön (und ich wusste ja nicht, was mich noch alles auf Island erwarten würde!) und machte mich nach diesem eindrucksstarken Morgenspaziergang entspannt auf die weitere Strecke gen Norden.

Mein nächster geplanter Stopp war beim Vulkankrater Grábrók, nur wenige Kilometer weiter. Als ich dort ankam, war ich (natürlich!) wieder alleine auf dem Parkplatz und konnte mich kaum für einen der vielen freien Parkplätze entscheiden. Parken ist dort (Mai 2023) kostenfrei. Ich hatte zwar im Vorfeld geschaut, was ich mir anschauen könnte, mich aber möglicherweise fahrlässig häufig nicht über die tatsächlichen Verhältnisse vor Ort informiert.

Umso überraschter war ich, dort sehr, sehr vielen Treppen gegenüberzustehen.

Grábrók ist der größte von drei Kratern im Umland, die auf einer vulkanischen Spalte liegen. Entstanden ist dieser sogenannte Schlacken-vulkan vor etwa 3.600 Jahren und steht seit den 1960er Jahren unter Naturschutz. Auf meinem Weg zum Krater bin ich auch an einer Universität vorbeigefahren (was ich leider erst im Nachhinein gelesen habe). Die Universität in Bifröst liegt quasi mitten im Nirgendwo – trotzdem kann man hier studieren, z.B. Rechtswissenschaften. Es gibt definitiv Unis, die landschaftlich nicht so schön gelegen sind.

Was macht man, wenn man viele Treppen steigen muss? Man zählt sie natürlich. Ich habe dann aber doch bei etwa 700 Stufen, nachdem ich mich sowieso schon mehrfach verzählt hatte, aufgehört und habe mich dann lieber auf die grandiosen Ausblicke konzentriert.

Stopps, *um den Ausblick zu genießen*, habe ich einige gemacht (böse Zungen könnten behaupten: eine Pause, um wieder ruhiger zu atmen und meinen Beinmuskeln eine Pause zu gönnen).

Ich lag natürlich sehr gut in meinem Zeitplan

und hatte immer noch sehr viel Zeit, um mein Tagesziel, Akureyri, zu erreichen.

Ich war allerdings noch sehr in meinem Alltags-Modus gefangen: *möglichst schnell am Tagesziel ankommen.*

Die Strecke, die ich an diesem Tag zurücklegte, war kilometermäßig die längste auf meiner Tour (etwas mehr als 300km. Für deutsche Verhältnisse ein Klacks, für isländische Urlaubsverhältnisse tatsächlich eher eine lange Strecke).

Im Vorfeld hatte ich gelesen, dass die Zeitangaben von Google Maps auf Island nicht wirklich passten. Gut, jetzt weiß ich, dass ich vieles selbst hätte bestimmen können: weniger Tempo - viele Stopps -> längere Fahrtzeit.

Stolz, dass ich nun auch realisiert hatte, welches Symbol auf einem Straßenschild eine Sehenswürdigkeit ankündigte, hielt ich an einem unscheinbar wirkenden kleinen Parkplatz direkt an der Straße – so richtig abgebogen von der Ringstraße bin ich allerdings wirklich selten.

Um ehrlich zu sein: Ich hatte hier in der Entfernung einen Wasserfall gesehen, den ich aus der Nähe aber tatsächlich nicht so spannend fand.

Überraschend fand ich den Text, der auf einer der Info-Tafeln zu lesen war.

Kattarhryggur, der „Katzenbuckel". Damit war nicht der Wasserfall gemeint, sondern eine Brücke. Als ich mir die Umgebung genau ansah, konnte ich auch wirklich eine schmale Straße erkennen. Diese unbefestigte Straße war früher die (einzige) Verbindung zwischen Reykjavík und Akureyri; sie wurde von Kutschen und Gespannen und ab den 1940er Jahren dann auch von Autos befahren. Rechts und links steil abfallende Hänge, Flussläufe, die von nicht sehr vertrauenserweckend aussehenden Brücken überspannt waren: Gerade im Winter war die Benutzung dieser damaligen Hauptverkehrsstraße ein echtes Wagnis.

Ich habe einige Punkte, die ich eigentlich anfahren wollte, ausgelassen, aus Sorge, nicht rechtzeitig an meinem Tagesziel in Akureyri zu sein. Das war eher weniger intelligent von mir, obwohl ich mich doch so gut vorbereitet fühlte.

Ich war immer noch der Meinung, dass ich natürlich so viel Wissenswertes gelesen hatte und eben kein planloser Tourist sei. Okay. Das war definitiv eine Fehleinschätzung, wie ich im

Verlauf meiner Reise feststellte. Zum Glück ist das auf Island zwar möglicherweise ärgerlich, aber kein Drama. Denn Island machte mich süchtig. Ich werde wiederkommen.

Viele Punkte habe ich nicht gesehen, für die ich definitiv ausreichend Zeit gehabt hätte: zum Beispiel den Museumshof Glaumbær, Sauðárkrókur (mein Islandpferd hatte Vorfahren aus Sauðárkrókur) oder Hvítserkur, den Nilpferdfelsen. Sehr schade – aber das hole ich nach!

Was mir aber definitiv in Erinnerung blieb: Auf dieser (Binnen-)Strecke habe ich unfassbar viel Wasser gesehen. Die Ringstraße läuft in diesem Bereich lange und häufig am Wasser entlang: an Flüssen und Seen. So viel Wasser! Ich war unterwegs, als die Schneeschmelze einsetzte (Mitte Mai). Ich fand die Wassermengen und die damit verbundenen Kräfte überaus beeindruckend und stellte fest, dass mir zur Beschreibung meiner Erlebnisse bereits zu diesem Zeitpunkt die Superlative ausgingen.

Aber ich hielt eben immer noch viel zu selten an den Parkbuchten an oder machte Abstecher von der Ringstraße.

Je weiter ich gen Norden kam, desto mehr änderte sich die Landschaft.

__Hinweis__: Bitte nicht einfach am Rand der Straße anhalten! Die Ringstraße ist, bis auf den Bereich rund um Reykjavík, meist zweispurig: Eine Spur für jede Richtung, es gibt meist nur einen sehr schmalen Randstreifen. Ein Halten am unbefestigten Rand der Straße kann für den nachfolgenden Verkehr wirklich gefährlich werden, denn oft sieht man haltende Fahrzeuge erst im letzten Moment. Haltebuchten gibt es viele – dass ich selbst sie nicht wahrgenommen habe, ist definitiv kein Maßstab! Und auch keine Entschuldigung.

In diesem Bereich Richtung Norden kam ich dann auch zum ersten Mal mit einspurigen Brücken in Berührung. Von denen hatte ich (natürlich!) im Vorfeld gelesen, als ich mich über die Verkehrsregeln aus Island informierte.

Eine Brücke. Die beiden Fahrspuren der Ringstraße verengten sich auf eine. Vorfahrt hat der, der zuerst da ist (ich selbst fand es selbsterklärend. Jedenfalls sinniger, als das gewöhnungsbedürftige Vorfahrtsrecht in isländischen Kreisverkehren – auf die man bei jeder Mietwagenbuchung explizit hingewiesen wird – vermutlich, weil sie zumindest in meinen Augen auch echt nicht selbsterklärend, verständlich oder logisch sind).

Meist sind die Brücken auf der kompletten Länge einsehbar. Im Zweifel: Musst du halt mal kurz warten. Da der Verkehr in diesem Bereich Islands (um diese Uhrzeit) echt übersichtlich war, kam das nicht so häufig vor. Und auch, wenn du eigentlich Vorfahrt hättest: defensiv fahren ist, wie immer, ein Zauberwort. Wenn dir ein Lkw entgegenkommt, der auf seinem Recht besteht, bleibst du halt stehen – ob du das nun gut findest oder nicht. Grundsätzlich fand ich diese Brücken beeindruckend. Sie sind meist gerade fahrzeugbreit – rechts und links ist mal mehr, mal weniger Wasser. Leider war ich ja alleine unterwegs, Fotos von diesen Brücken habe ich so gut wie keine – ich musste ja fahren!

Auf *Island oder* in *Island? Ich selbst stand oft vor der Frage: Sagt man jetzt* auf *oder* in *Island? Grundsätzlich ist Island eine Insel. Allerdings ist*

Island eben auch ein selbstständiger Staat. So richtig falsch machst du mit beiden Ausdrücken wohl nichts. Kommt halt immer darauf an, was du ausdrücken möchtest. Einen Fehler *wird dir hier aber niemand ankreiden, falls dir das wichtig sein sollte.*

Ich war natürlich viel zu früh in Akureyri: bereits am frühen Nachmittag. Nach meiner inneren Zeit hatten wir bereits 17 Uhr - und ich war zugegebenermaßen schon wieder ziemlich platt – die ganze Zeit selbst fahren, schauen und zusätzlich der Rundblick überforderten mich an den ersten Tagen doch sehr (ein echter Nachteil, wenn du alleine unterwegs bist). Gut, dachte ich, erkundest du halt das Städtchen, bis du im Hotel einchecken kannst. Gehen/sich bewegen ist nach der Hockerei im Auto gut!

Für mich überraschend hatte ich das nach gut 1 1/2 Stunden zu Fuß erledigt – und trotzdem definitiv sehr viel Sehenswertes gesehen.

Alles war für mich anders auf Island. Zumindest eben anders, als ich es bisher kannte. Die Dimensionen der *Städte* sind anders, als ich es gewohnt war.

Island hat insgesamt roundabout 390.000 Einwohner (das sind in etwa so viele Menschen, wie in Bochum leben) – und die sind auf die Fläche von etwa 100.000qm Landfläche verteilt (was ungefähr so groß ist wie die beiden Bundesländer Bayern und Baden-Württemberg zusammen). Die Strecke auf der 1 vom Hauptstadtgebiet in den Norden gilt unter Isländern (und Touristen) als eine der langweiligsten. Ich fand sie trotzdem spannend – kannte ich ja noch nichts von Island und von den Sehenswürdigkeiten wusste ich bisher nur aus Reiseführern und Social-Media-Gruppen. Ich selbst hatte im Vorfeld Schwierigkeiten, mir die Dimensionen vorzustellen. Im Laufe meiner Reise verstand ich aber immer besser, was viele Reisende mit *du-wirst-eh-süchtig-nach Island* und *genieß-es-doch-einfach* meinten.

Da ich immer noch unter dem Jetlag (und wir reden hier *nur* von zwei Stunden!) und möglicherweise auch unter dem Stress, den ich mir selbst machte, litt, fiel es mir tatsächlich sehr schwer, in den Urlaubsmodus (*entspannen und genießen*) zu wechseln.

Ich machte mir so viele Gedanken: Kannst du

das Auto mit deinem Gepäck einfach so auf einem Parkplatz stehen lassen? Was machst du, wenn du eine Reifenpanne irgendwo im Nirgendwo hast? So wirklich viele Autos sah ich nicht auf diesen 300km Richtung Norden.

Jetzt weiß ich: Ich habe mir Sorgen über Dinge gemacht, für die es keinen Grund gab. Denn auch, wenn Island dünn besiedelt ist – zumindest auf der Ringstraße sind immer Menschen unterwegs. Nicht immer viele, aber es ist eben auch kein Nirwana. Und ausgezeichneten Handyempfang gibt es auf der Ringstraße überall.

Ich war trotzdem recht froh, im Hotel in Akureyri anzukommen, früher einchecken zu können und mich nach einer wieder leicht nach Schwefel duftenden heißen Dusche zunächst mal aufs Bett fallen zu lassen. Ich war wirklich sehr angenehm überrascht nach dem eher schlichten Motel der Nacht zuvor, auch, wenn ich mit dem rein digitalen einchecken zunächst wieder so meine Probleme hatte (jetzt war ich sicher: Das lag an mir – denn im Nachhinein betrachtet war alles sehr intuitiv und wirklich nicht kompliziert!).

Ich hatte ein Einzelzimmer gebucht und

diesmal auch ein echtes Einzelzimmer bekommen. Mein kleines Zimmerchen war überaus gemütlich. Unter dem Dach, das Bett gemütlich eingeschmiegt vor einem großen, von Dachschrägen umrahmten Fenster mit Blick auf den Fjord. Ein Wasserkocher, kostenloser Tee und Kaffee warteten auf mich. Wenn ich gewollt hätte, hätte ich am nächsten Morgen auch noch dort frühstücken können.

Akureyri ist die viertgrößte Stadt Islands, beansprucht für sich den Titel *Hauptstadt des Nordens* und ist definitiv absolut sehenswert. Kennst du *Nonni und Manni*? Einen Roman von Jón Sveinsson, der sogar für das ZDF als Weihnachtsserie des Jahres 1988 verfilmt wurde. In Akureyri kannst du das Nonni-Haus besichtigen.

Ich beschloss, mir zum Abschluss dieses Tags ein Essen in einem der vielen Restaurants in Akureyri zu gönnen und aß einen wirklichen köstlichen (wenn auch echt teuren) Burger. Lecker war er!

Überraschend und sehr sympathisch fand ich die Ampeln: In Akureyri zeigt das rote Signal an den Ampeln nicht einfach nur einen roten Punkt wie gewohnt – sondern ein rotes Herz. Der Ursprung ist eher nicht so schön: Stammt die Umsetzung doch aus der großen Bankenkrise aus den 2000ern, ursprünglich gedacht als ein Mut-mach-Zeichen der Hoffnung für die einheimische Bevölkerung. Zum Glück sind die Ampel-Herzen geblieben: Ich fand es einfach schön – das Warten an einer der recht wenigen Ampeln sorgte dann bei mir doch schon mal für ein spontanes Lächeln.

Akureyri ist ein wirklich sehr nettes Städtchen – und hat angeblich ein sehr aktives Nachtleben (was ich nicht testete – müde, platt und so).

Was soll ich sagen: Ich war am nächsten Morgen wieder mal viel zu früh wach. Und außerdem wollte ich zeitig los und war begierig darauf, noch mehr von dieser wunderschönen Insel zu sehen. Den Sonnenaufgang verpasste ich übrigens weiterhin regelmäßig, obwohl ich definitiv häufig zur passenden Zeit wach gewesen wäre. Ich habe echt nicht an alles gedacht. Es sollte tatsächlich noch eine ganze Weile dauern, bis ich endlich etwas runterschaltete und mein im Alltag übliches *möglichst-viel-in-kürzester-Zeit-erledigen*-Verhalten ablegen konnte. Leider musste ich dann allerdings schon wieder zurück nach Deutschland – in ebendiesen Alltag.

Meine Priorität für meine nächsten Island-Urlaube: Ich brauche offenbar mehr Zeit und auch mehr Ruhe, um ab- und umschalten zu können! Eine Umrundung der Insel auf der Ringstraße in sieben Tagen ist im Sommer absolut machbar – für mich selbst ist eine Woche zum *Ankommen im Urlaubsmodus* allerdings definitiv zu kurz und täglich wechselnde Unterkünfte setzen mich selbst unter ungewollten Stress.

Am nächsten Morgen startete ich also gewohnt früh, denn ich wollte nach Húsavík zum Whale-Watching. Ursprünglich hatte ich geplant, nach Hauganes zu fahren, um eine Wal-Tour zu buchen – warum ich mich dann doch für Húsavík entschied: eine spontane Wetter-Entscheidung. In Hauganes sollte es regnen, in Húsavík trocken bleiben.

Tatsächlich haben einzelne Fjorde andere Wettervorhersagen. Hauganes, ein winziges Fischerdorf, hab ich so diesmal leider nicht gesehen – aber das hole ich nach, denn ich komme ja wieder. Und: verlass dich halt einfach nicht auf Wetter-Vorhersagen. Die in Deutschland gängigen Apps funktionieren in Island übrigens eher suboptimal. Eine für Island gute, zuverlässige und sehr wichtige Website (und ja, die Site, nicht die App) ist z.B. vedur.is.

Das Wetter war in Húsavík (die Fahrt dauerte etwa eine Stunde von Akureyri aus) zunächst eher durchwachsen – ein bisschen Regen und Sonnenschein wechselten sich ab.

Zum Glück hatte ich vorher in Social Media-Gruppen Tipps gelesen, dass der relativ neue, mautpflichtige Tunnel (der zur Zeit einzige mautpflichtige Tunnel auf der ganzen Insel, Stand Mai 2023) die Fahrt in den Norden zwar um gut zehn Minuten verkürzt, aber im Frühling/Sommer der Umweg über den Pass bei passendem Wetter durchaus machbar ist und einige tolle Aussichten bietet. Also stellte ich bei Google-Maps *ohne mautpflichtige Straßen* ein und genoss die Fahrt über den Pass – auch mit meinem kleinen Straßenfloh. Wenn die Wetterverhältnisse es zulassen: Die Fahrt lohnt sich definitiv, auch wenn es eben etwas länger dauert als die Fahrt durch den Tunnel.

Navigieren: Für West-Europäer ist die Nutzung von mobilen Daten auf Island meist kein Problem. Die meisten Flatrates deutscher Mobilfunkanbieter gelten oft auch auf Island, eine Nachfrage beim eigenen Anbieter hilft dir hier weiter. Unterkünfte und Gaststätten bieten fast immer kostenfreies W-Lan, wobei die Qualität natürlich individuell ist. Wie das aussieht, wenn man ausschließlich auf Campingplätzen übernachtet, kann ich mangels Erfahrungen nicht beurteilen. Dazu gibt es dann im kommenden Jahr meine Erkenntnisse.

In Húsavík buchte ich mir spontan morgens um kurz nach acht Uhr vor Ort eine Fahrt mit einem Speedboat. Irgendwie schreckte mich schon nach den wenigen Tagen ohne Menschenmassen die Vorstellung, mit 60, 70 Personen gleichzeitig auf einem Boot zu sein. Im Mai mag eine spontane Buchung noch gut möglich sein – in den Hochsaison-Monaten Juni, Juli, August soll das aber anders sein und du solltest möglichst vorab online die Fahrt buchen, um definitiv zu einer bestimmten Zeit mitzukommen.

Wir waren zu siebt auf dem Boot, plus Captain und Guide. Für Menschen mit eingeschränkter Mobilität ist ein Speedboat nicht zu empfehlen. Es war schon etwas tricky, sich auf dem leicht schwankenden Boot rittlings auf die wenigen Sitze einzufädeln. Im Vorfeld im Hafen gibt es außerdem einige Treppen.

Island ist ein recht fortschrittliches Land – aber in Sachen barrierefrei eben oftmals noch nicht angepasst, zumindest nach meinem glücklicherweise unbeteiligten Eindruck.

Nachdem wir Teilnehmer uns in die vom Veranstalter gestellten Overalls und Rettungswesten gepellt hatten, stakste unsere kleine Gruppe zu dem Speedboat, das im Hafen auf uns wartete. Es muss ein recht lustiger Anblick gewesen sein, wie unsere kleine Gruppe Richtung Wasser wackelte. Denn die Overalls kommen „oben drüber": Ich trug an diesem Tag also meinen üblichen Zwiebel-Look und oben drüber dann noch den Overall und die Rettungsweste. Ich fühlte mich warm und verpackt wie ein wertvolles Geschenk, aber eben auch echt unbeweglich und ein wenig unbeholfen.

Kleiner, aber wichtiger Tipp: das Handy und

alles, was man sonst noch so brauchen könnte: Taschentücher, z.B., *vor* dem Anlegen des Overalls aus der eigenen Jackentasche holen. Viele, sehr viele Schnallen und Gurte, die kunstvoll verschnürt werden, erschweren sonst den Zugriff doch erheblich.

Ich selbst fingerte (natürlich! Seufz...) kurz vor dem Start der Tour überaus hektisch an meiner tollen und bisher perfekten Verpackung herum, weil ich natürlich vergessen hatte, mein Handy in eine erreichbare Tasche zu packen. Und da ich meine gesamte Reise fotografisch nur auf dem Handy festhielt, musste ich mein Allzweckgerät doch in Griffweite haben.

Auf dem Boot könnte es nass werden, daher macht eine wasserdichte Verpackung für mitgebrachte Rucksäcke ebenfalls durchaus Sinn (auch, wenn das Wetter zunächst noch trocken und ruhig aussieht!).

Unsere Guide war eine junge isländische Meeresbiologie-Studentin, die uns in einfachem, gut verständlichem Englisch viel über die Besonderheiten der isländischen Meeresbewohner erzählte. Grundkenntnisse der englischen Sprache sind meiner Meinung nach auf Island unabdingbar. Isländer sind auf ausländische Touristen eingestellt, Englisch ist quasi die zweite Nationalsprache (und isländisch ist, zumindest für europäische Zungen, auch einfach eine echt schwierige Sprache).

Die meisten Touristen, die Island 2022 besuchten, kamen aus den englischsprachigen Ländern USA und Groß-Britannien. Als Tourist kommst du auch mit rudimentären Kenntnissen der englischen Sprache gut parat, finde ich. Du findest dich auch mit unvollendeten Sprachkenntnissen recht schnell rein, wenn du dich darauf einlässt.

Verstehen konnte ich alles sehr gut – und selbst (englisch) sprechen war gegen Ende dieser Reise auch kein Thema mehr. Die touristengewohnten Isländer verstehen durchaus auch ein radebrecherisches, eingerostetes Schulenglisch, habe ich festgestellt – vor allem, weil es oft eben keine Isländer, sondern Ausländer sind, die in den Touristenberufen arbeiten.

Kurz: Es war für mich eine tolle Tour, auch wenn wir im Vergleich zu sonstigen Fahrten wohl eher nicht so viele Wale sahen. An einem Felsen im Meer vor der Küste, an dem zehntausende Papageientaucher (von den Isländern *Lundis* genannt) brüteten, sahen wir diese herumschwirren.

Verbreitet ist der (englische) Begriff *Puffin.* Für ein Instagram-taugliches Foto eines Puffins aus der Nähe waren wir leider nicht nah genug dran – aber das war für mich auch völlig okay.

Ich fand die Entscheidung unseres Captains prima, nicht näher heranzufahren, um die brütenden Vögel nicht zu stören. Auch, wenn ich so leider kein Portrait-Foto eines Puffins schießen konnte. Ich hab sie gesehen (und vor allem: nicht nur durch die Linse meines Handys!).

Was die Wale angeht: Wir waren wirklich sehr reaktionsschnell. Wenn ein Blas (die nach dem Tauchvorgang ausgeatmete Atemluft von Walen) auftauchte, drehte der Captain sofort in diese Richtung ab – die verschiedenen Boote standen alle in ständigem Funkkontakt und gaben ihre Sichtungen untereinander weiter. Als kleines Speedboat waren wir allerdings deutlich manövrierfreudiger als die größeren, eher behäbigen Touri-Frachter. Leider waren die Wale eher faul an diesem Tag – oder hatten ihrerseits keine Lust auf Touristen-Watching. Wir konnten einen Buckelwal längere Zeit beim Fressen beobachten (der Wal tauchte dann in kurzen Abständen immer mal wieder auf - die Frage war halt: wo?). Wir sahen auch einen scheuen und eher seltenen Mink-Wal (Zwergwal) und später noch den ein oder anderen weiteren Buckelwal.

An Bord bekamen wir laminierte Zettel, auf denen die deutsche Übersetzung für die englischen Namen und einige markante Merkmale aufgeführt waren. Übrigens hatte ich sogar auf dem Wasser vollen Mobilfunkempfang – und das, obwohl wir nur noch sehr wenige Kilometer vom Polarkreis entfernt waren.

Für mich, die ich noch nie Wale in Echt und so nah gesehen hatte, war das ein unglaubliches Erlebnis. Auch, wenn es sicher Fahrten gibt, auf denen man mehr oder verschiedene Wale oder sogar Delphine sehen kann – die Natur ist da zum Glück noch unberechenbar. Oft war es so, dass ich das Handy auf der Steuerbord-Seite fotobereit hielt, der Wal aber dann überraschend auf der anderen Seite des Bootes auftauchte. Nun gut. Mein Handy war nicht so schnell mit der neuen Fokussierung – ich habe recht viele, ziemlich verwackelte und unscharfe Videos von dieser Tour. Das menschliche Auge ist da schneller – ich habe die Wale gesehen und trage die Erinnerungen in meinem Kopf.

Als wir starteten, war die See spiegelglatt. Endlich mal kein Wind und teilweise gab es sogar Sonnenschein. Diese Tour war mit umgerechnet ca. 120,- Euro pro Person sicher, wie so vieles auf Island, kein Schnäppchen, ist aber auf jeden Fall zu empfehlen. Die Preise für die Whale-Watching-Touren nehmen sich nicht viel, egal, ob man nun in Húsavík aufs Meer hinausfährt, in Akureyri, in Reykjavík oder Olavsvik (auf der Snæfellsnes-Halbinsel). Oder, wie ich es zunächst geplant hatte, von Hauganes aus.

Auf dem Rückweg zum Hafen begann es (zum Glück erst dann) plötzlich zu schütten wie aus Eimern - die Regentropfen fühlten sich (dank des Speedboats und dessen Geschwindigkeit) wie Nadelspitzen an - eher nicht so schön. Der Spruch *wenn dir das Wetter nicht gefällt, warte fünf Minuten* funktioniert leider auch, wenn dir das Wetter eigentlich gefällt.

Zum Glück trugen wir alle die Overalls - mir

war warm und ich blieb trocken. Nur mein Gesicht rief irgendwann um Hilfe. Dank des zwar unförmigen, aber absolut effektiven Ganzkörperkondoms entstieg ich dem Speedboat trocken – bis auf mein von den spitzen Regentropfen malträtiertes Gesicht. Eine Mütze und Handschuhe empfehle ich auf jeden Fall - die Winde und das Wetter auf der See sind einfach nochmal eine andere Hausnummer als an Land.

Im Nachhinein: Ein Besuch des relativ neuen Bads in Húsavík hätte sich im Anschluss wohl angeboten - ich kenne es leider nur von Bildern und Erfahrungsberichten (und ich hatte es, wie so vieles, zum Zeitpunkt meiner Reise leider definitiv nicht auf dem Schirm!). Ich habe jetzt Bilder gesehen und ärgere mich, dass ich nicht etwas mehr Zeit in Húsavík geplant hatte, sondern direkt weitergefahren bin. Öffentliche Bäder treffen an sich eher nicht so meinen Geschmack. In diesem Fall hätte ich besser mal eine (erste) Ausnahme gemacht.

Ich stoppte jetzt auch möglichst an allen Plätzen, die durch das mir mittlerweile bekannte Symbol angezeigt wurden – und verließ sogar teilweise die Ringstraße, um einige Kilometer zu einer angekündigten Sehenswürdigkeit zu fahren. Ich bin ja lernfähig!

Der Goðafoss

Der nächste Punkt auf meinem Tagesplan war eines der großen must-sees Islands: der *Goðafoss* – der Wasserfall der Götter.

Der Sage nach soll der Gode und Gesetzessprecher Þorgeir Ljósvetningagoði Þorkelsson um das Jahr 1000 n. Chr., nach der beschlossenen Übernahme des Christentums als Staatsreligion, die letzten heidnischen Götterbilder in den Goðafoss geworfen haben (das habe ich auf Wikipedia gelesen).

So oder so: Dieser Wasserfall war absolut beeindruckend und wirklich überhaupt kein Vergleich zum kleinen Glanni, den ich auf dem Weg nach Akureyri besucht hatte! Auf dem Weg dorthin sah ich ihn von einem Hügel aus bereits aus der Entfernung – und war tatsächlich zunächst etwas enttäuscht.

Dieser doch so berühmte Wasserfall wirkte aus der Entfernung so klein und unspektakulär. Bis ich dann dort war. Die Relationen auf Island sind einfach ganz anders, als ich es gewohnt war.

Der Wind hatte zwischenzeitlich deutlich zugenommen und wehte hier schon beeindruckend – so dass ich mein extra für diese Reise angeschafftes Selfie-Stativ nicht nutzen wollte, um mein Handy nicht zu gefährden.

Island ist in vielen Bereichen digital - ich hatte die im Nachhinein durchaus berechtigte Sorge, dass ich bei einem Defekt am Handy aufgeschmissen sei. Schließlich hatte ich alle Buchungen und Informationen auf dem Handy gespeichert. Beim nächsten Mal sichere ich alles doppelt – wer zu mehreren reist, sollte hier auch die doppelte Buchführung bevorzugen und wirklich wichtige Infos auf verschiedenen Geräten speichern. Das ist tatsächlich ein echter Nachteil, wenn man allein unterwegs ist. Oder, wenn man, wie ich, einfach nicht daran denkt, dass ein einzelnes Gerät kaputt gehen könnte. Auf meine nächste Allein-Reise nehme ich ein altes Handy mit – als Back-Up! Notiz an mich selbst: Und ich werde es natürlich nicht ständig im Rucksack mitnehmen, sondern z.B. im Auto deponieren.

Meine in Deutschland gebuchten Handy-Flats galten in Island ebenfalls: Ich nutzte mein Handy zum Navigieren, hatte Buchungsbestätigungen und Tickets digital dabei und stand natürlich auch mit meiner Familie und Freunden digital in Kontakt. Beim nächsten Urlaub werde ich mich etwas mehr absichern – es kann ja immer mal was mit dem Handy sein – und wenn es halt einfach nur den Geist aufgibt.

Ich war hier sehr gutgläubig (ich glaube an das kölsche Grundgesetz: *et hätt noch immer jotjejange*. Blauäugig. Ja. Brauchen wir nicht weiter drüber zu sprechen. Ich habe es begriffen.)

Zum Glück fand ich vor Ort am Wasserfall nette, standfeste Menschen, die mit meinem Handy Fotos von mir vor dem Wasserfall machten.

Am Goðafoss gibt es ein Touristen-Center und natürlich einen Campingplatz. Eigentlich war mir nicht nach Touri-Centern, aber da ich (wieder) dringend mal *musste*, ging ich hinein – in Þingvellir hatte ich es noch ausgelassen, weil es mir nicht wichtig erschien. Ich kannte solche Andenken-Buden aus südeuropäischen Ländern und erwartete ein ähnliches Niveau. Weit gefehlt!

Es gab dort natürlich den üblichen Kram, den es überall gab (Schlüsselanhänger, maschinell bedruckte Tassen und so weiter) – aber auch hochwertige und individuell hergestellte Handwerkerware oder (sehr teure, aber eben auch bewährte) Outdoor-Markenkleidung. Ich war tatsächlich angenehm überrascht!

Hinweis: Öffentliche Toiletten gibt es nicht viele auf Island. Der Hintergrund: Land auf Island ist zum großen Teil in Privatbesitz. Die Kosten für Bereitstellung von Toiletten und Entsorgung der Hinterlassenschaften ist damit eben auch Privatangelegenheit des Eigentümers.

Wegen der Weitläufigkeit des Lands dauert es manchmal länger, als wir es in Deutschland gewohnt sind, bis die Müllabfuhr kommt – der Müll muss daher auf Kosten der Landeigentümer zwischengelagert werden.

Unter anderem aus diesem Grund wird auch für immer mehr Parkmöglichkeiten an den HotSpots mittlerweile eine Gebühr genommen.

Ich hatte mir recht schnell angewöhnt, bei jeder sich bietenden Möglichkeit ein stilles Örtchen aufzusuchen, egal ob kostenlos oder nicht. Das Motto lautet: Du gehst, wenn ein Klo da ist, nicht erst, wenn du musst. Sicherheitshalber. Zahlen kann man übrigens selbst auf einem Klo mit Kreditkarte (alle von mir aufgesuchten Toiletten waren entweder kostenfrei oder mit Kreditkarte zahlbar).

Mývatn (der *Mückensee)*,
Dimmuborgir und die Grjótagjá

Vom Goðafoss aus fuhr ich weiter zu meinem nächsten Tagesziel: Mývatn. Hier hätte ich durchaus mehr Zeit planen müssen – werde ich ebenfalls bei meinen nächsten Reisen berücksichtigen.

Mývatn, der *Mückensee*. Er heißt so, weil in den Sommermonaten eine große Population an Insekten diesen vulkanischen See bevölkert. Viele Mücken → Nahrung für viele Vögel. Die Mücken dort haben einen Vorteil für uns Zweibeiner im Vergleich zu ihren Festlandskollegen: Sie stechen nämlich nicht. Allerdings sind sie trotzdem sehr unangenehm und ziemlich nervend, denn sie kriechen gerne in sämtliche frei zugänglichen Körperöffnungen.

An den Tankstellen in diesem Bereich Islands gibt es daher in der Saison Mückennetze zu kaufen. Als ich dort war, war das Problem (noch) nicht groß: Es gab keine Mückennetze an den

Tankstellen – und ich vermisste sie nicht – mangels Mückenmassen.

Ich verließ die Ringstraße Nr. 1 und umfuhr den See südlich. Zunächst stoppte ich am Lavafeld Dimmuborgir (bedeutet übersetzt *schwarze Burgen* – und das trifft es absolut): Hierbei handelt es sich um ein Lavafeld und die Überreste eines Lavasees östlich des Sees Mývatn. Es befindet sich in einer vulkanisch aktiven Region auf dem Gebiet des Vulkansystems Krafla, direkt östlich des Sees. Es gibt dort mehrere Wanderwege, je nach Wunschlaufentfernung.

Bei Dimmuborgir sammelte sich die Lava über einem Sumpf oder See. Als die Lava über den nassen Boden floss, begann das Wasser darin zu kochen und der Wasserdampf stieg durch Schlote mit einem Durchmesser von bis zu mehreren Metern an die Oberfläche. Nachdem die Kruste der Lavadecke erstarrt war, floss noch flüssige Lava unterhalb der Kruste in Richtung des Mývatn-Sees. Die Kruste brach zusammen, aber die Schlote und Teile der kollabierten Lava-Decke blieben erhalten (Quelle dieses Absatzes: Wikipedia).

Nordöstlich angrenzend liegt der Tuffring Hverfjall, den ich mir durch ein Loch in einem Berg in Dimmuborgir nur aus der Entfernung anschaute – ich dachte wieder einmal, ich hätte zu wenig Zeit, um ihn selbst zu erwandern.

Die bizarr geformten Steinformationen des Lavafelds Dimmuborgir erinnerten mich tatsächlich an verfallene Ruinen von Burgen und Türmen. In der isländischen Mythologie wird Dimmuborgir als Unterkunftsort von Elfen und Trollen gesehen – und angeblich ist es auch der Wohnort der dreizehn Weihnachtselfen. Ja, in Island gibt es sage und schreibe dreizehn „Weihnachtsmänner". Genau genommen sind es allerdings Trolle. Trolle versteinern, wenn Sonnenlicht sie trifft.

Ihre Mutter ist die jahrhundertealte Trollfrau Grýla. Und die lässt ihre dreizehn Söhne so gut wie nie aus ihrer Trollhöhle; außer im Dezember, wenn es draußen sehr lange dunkel ist: Dann wird Grýlas Herz weich und sie lässt ihre dreizehn Söhne, einen nach dem anderen, hinunter in die Städte wandern. Das ist zwar ein ziemlich weiter und beschwerlicher Weg für die Jungtrolle, aber sie freuen sich so darauf, endlich aus der Höhle zu kommen und Menschen zu treffen, dass sie dafür nur allzu gerne alle Strapazen in Kauf nehmen.

Trolle können nur überleben, wenn es dunkel ist, im Sonnenlicht werden sie zu Stein. Das ist im Dezember in Island nicht so ein Problem; schließlich scheint die Sonne (wenn sie denn überhaupt scheint) dann sowieso nur für ein paar Stunden am Tag.

Die Kinder auf Island legen an jedem der dreizehn Abende Schuhe auf den Fenstersims und hoffen, dass ihnen der Weihnachtstroll, der an diesem Tag in die Stadt darf, etwas mitbringt.

War das Kind allerdings nicht wirklich artig, könnte es sein, dass es in seinem Schuh nur eine Kartoffel findet. Da hilft es im Zweifelsfall schon, wenn neben den Schuh auch noch eine Kleinigkeit zum Knabbern für die Weihnachtselfen mit hingestellt wird. Schließlich hatten die Trolle ja einen langen Weg.

Diese Infos hab ich selbst nur auf der Infotafel gelesen. Ich war im Mai auf Island – da denke ich normalerweise nicht an Weihnachten! Trotzdem fand ich den Gedanken, den Wohnort von Weihnachtselfen zu besuchen, einfach nur spannend: Das Kind in mir möchte sehr gerne an diese alten Geschichten glauben.

Jeder Weihnachtstroll hat darüber hinaus bestimmte Vorlieben, die ich zwar skurril, aber irgendwie auch witzig finde: einer der Elfen stibitzt Reste aus der Bratpfanne, einer schlägt Türen zu und macht Lärm, um Leute zu ärgern, einer versucht, etwas vom Weihnachtsbraten abzubekommen und so weiter. Liebenswert, finde ich. Auch, wenn ich, durch diverse Comic-Verfilmungen, beim Gedanken an eine Elfe immer das Bild einer zarten, mit glitzernden Flügeln zauberhaft durch die Welt flatternden Kreatur im Kopf habe.

*Der Großteil Islands befindet sich in Privateigentum. Die Eigentümer gestatten aufgrund des **Jedermannsrechts** (almannaréttur) mit ein paar wenigen Ausnahmen das Betreten/Durchreisen. Die Touristenzahlen in Island steigen gerade in hohem Maße an - es ist im Sinne der Natur und der Einwohner Islands, wenn sich Touristen an die relativ wenigen Regeln halten. Übrigens ist das auch ein Grund, weshalb man auf Island an den vielen*

Haltebuchten entlang der Ringstraße keine Mülleimer findet. Die Entsorgung des Mülls obläge dem Eigentümer. In Gegenden, in denen die Müllabfuhr aber nur alle vier Wochen geschieht, müsste der Landeigentümer den Müll nicht selbst nur abholen und lagern, sondern auch noch für die Entsorgung zahlen – viele Halteplätze wären dann definitiv nicht mehr kostenfrei. Und die Entwicklung geht auch tatsächlich in diese Richtung: Angesichts jährlich steigender Touristenmengen verlangen immer mehr Eigentümer der Sehenswürdigkeiten Parkgebühren – in meinen Augen absolut nachvollziehbar.

Anschließend besuchte ich noch die Höhle Grjótagjá. Für mich selbst ein besonderes Highlight: Denn hier wurde eine Szene aus der Serie *Game of Thrones* (die Liebesszene zwischen Jon Snow und Ygritte) gedreht. Eine von außen recht unscheinbare Höhle im Bereich des Kontinentalspaltes. Dass diese Höhle etwas Besonderes ist, erkennt man am ausgebauten Parkplatz und an der Menge an Fahrzeugen, die dort parken. Wenn du durch einen der Zugänge in das Innere kletterst, eröffnet sich dir eine wassergefüllte Höhle. Das Wasser glitzert in einem unglaublichen Farbspektrum (vor allem, wenn du mit Blitz fotografierst!).

Die Höhle liegt an dem Spalt zwischen den Kontinentalplatten, der sich mitten durch Island zieht. Durch die Bewegung der Platten hat sich im Laufe der Zeit auch die Wassertemperatur im Tümpel in der Höhle selbst verändert. Früher hatte das Wasser eine angenehme Temperatur, mittlerweile haben sich die Verhältnisse aber geändert. Der Besitzer des Landes, auf der sich die Höhle befindet, lässt Besichtigungen der Höhle zwar weiterhin zu, hat aber mittlerweile das Baden untersagt.

„Oben", auf der Ebene über der Höhle, sieht man deutlich die Verwerfung zwischen den Kontinentalplatten, die sich durch Island zieht. Auch hier arbeitet die Erde. Eine im wahrsten Sinne des Wortes spannende Gegend.

Die Nacht verbrachte ich in der teuersten Unterkunft meines Urlaubs: in einem recht luxuriösen Hotel direkt am See Mývatn. Mit Hot-Pots im Innenhof, einer netten Bar, einem sehr guten Restaurant, einem grandiosen

Frühstück und einem beeindruckenden morgendlichen Blick über den See. Das Problem eines Alleinreisenden: Ich habe in vielen Unterkünften einfach den Preis für ein Doppelzimmer gezahlt. Wäre ich *zu zweit* gewesen, hätten wir den Preis durch zwei teilen können – und die Kosten pro Person wären mehr als in Ordnung gewesen. So war es für mich allein echt einfach sehr teuer. Trotzdem war das Hotel auch im Mai bereits so gut wie ausgebucht (in erster Linie war das Hotel durch amerikanische Gäste bevölkert).

Da es im Hotel zwei private Hot Pots im Hof gab (in denen ich zur Abendessenszeit ganz alleine einige sehr schöne Stunden verbrachte), verzichtete ich (wegen meiner Abneigung gegen öffentliche Bäder) auf einen Besuch in den *Mývatn Nature Baths*.

Ein Fehler, denn dieses Bad gehört wohl mit zu den schönsten auf Island. Gut, ein weiterer Punkt für einen Stopp auf meiner nächsten Reise!

Das Geothermalgebiet Námafjall Hverir und zwei weitere Wasserfälle

Am nächsten Morgen startete ich nach einem wirklich großartigen Frühstück, das kaum Wünsche offenließ, gut gestärkt Richtung Osten.

Ich wollte Námafjall Hverir sehen, eine geothermale Gegend. Nicht irritieren lassen: die *geothermal area*, die Google Maps als Ziel vorschlägt, ist nichts weiter als die Energieversorgung des Mývatn-Gebietes. Hinter einem kurzen Pass Richtung Osten (just remember: Ich war *im* Uhrzeigersinn unterwegs!) auf der Ringstraße liegt dann die Zufahrt zum Parkplatz.

Hverir ist einfach unglaublich und ließ mich vergessen, dass ich nach wie vor auf Island war – mir kam es so vor, als sei ich plötzlich auf einem anderen Planeten. Diesmal war der Wind offenbar mein Glück: Es war unglaublich windig – aber dafür eben auch fast wolkenlos. Vom oft erwähnten unangenehmen Geruch nach Schwefel bekam ich nicht viel mit: Der flog genauso weg wie Staub und Sand (Kontaktlinsen sind wegen des Sandes bei diesem Wind übrigens echt ungeeignet, je nachdem, wo man steht). Ich habe meine Brille teilweise auch lieber im Auto gelassen, weil ich Sorge hatte, dass der böige Wind sie mir von der Nase wehen könnte (und ich hatte natürlich keine Ersatzbrille mit).

Der Parkplatz kostet eine Gebühr, die Automaten waren nicht in Betrieb bzw. funktionierten nicht wie gewünscht, als ich dort war. Da die automatische Erfassung der Kennzeichen durch die Kameras bei der Ein- und Ausfahrt aber eigentlich immer klappt, ist das Nicht-funktionieren der Automaten gegenüber deiner Autovermietung ein eher nicht so erfolgversprechendes Argument. Bezahlen war nur online möglich, das allerdings klappte völlig problemlos (nicht wie sonst über die Parka-App, sondern über die App Easy-Park. Auch das war aber völlig unkompliziert. Und ausgezeichneten Handy-Empfang hatte ich auf meiner Rundreise auf der Ringstraße überall).

Es bietet sich an, die Zahlung irgendwie

möglich zu machen – eine Nachberechnung durch die Autovermietung wird durch die Bearbeitungsgebühr einfach unverhältnismäßig teuer.

Blubbernde, lehmig aussehende Quellen, faszinierende Farben der Landschaft im Sonnenlicht – für mich ein wirklich unvergesslicher Eindruck. Nicht von dieser Welt.

Natürlich wollte ich später auch zwei weitere beeindruckende Wasserfälle sehen, die nach meinen Vorbereitungen Highlights eines jeden Island-Urlaubs sein sollten: Dettifoss und Selfoss.

Etwas, was mich oft irritiert hat auf Island: dieser Wasserfall im Norden (*Selfoss*) heißt wie die Stadt Selfoss, die allerdings ganz woanders located ist: nämlich im Süden der Insel. Doppelte oder sehr ähnlich geschriebene Namen gibt es häufig auf Island. An sich kein großes Problem, wenn man weiß, wo man hinmöchte – man sollte es aber wissen, bevor man sich von Google eine Route berechnen lässt! Oft gibt es zum Beispiel Namen mit „Reyk...". Weil *reyk(...)* halt immer irgendwas mit *Rauch* bedeutet und Rauch oder Dampf auf Island einfach sehr häufig vorkommt.

Ich habe die Route zum westlichen Parkplatz des Dettifoss gewählt, die 862 - denn die ist asphaltiert. Die östliche Route (die 864) ist eine *gravel-road* – das wollte ich mir und meinem kleinen Mietwagen nicht antun. Diese Straße wäre für mich auch nicht erlaubt gewesen, da sie zu meinem Reisezeitpunkt auch noch als gesperrt ausgewiesen war - und ein Kleinwagen rein nach gesundem Menschenverstand auch eher nicht für solche Strecken geeignet ist.

Der Weg zum westlichen Parkplatz ist asphaltiert und ausgebaut – dort fahren auch die Reisebusse lang. Kein Problem also für mein kleines Mietauto. Nebenbei: Während der Fahrt dachte ich mir mehr als einmal: *so ähnlich stelle ich mir die Landschaften auf dem Mond vor:* steinig, unwirtlich und karg.

Die damals etwa einen Kilometer lange *zu-Fuß-Strecke* vom ausgebauten, großen Parkplatz zu den Wasserfällen ist definitiv nicht barrierefrei; für Menschen, die ohne rollende Gehhilfe sicher gehen können, aber in den

Sommermonaten gut zu bewältigen. Von beiden Wasserfällen war ich massiv beeindruckt – und auch hier fehlen mir die Worte für die tatsächliche Wirkung der beiden Wasserfälle auf mich. *Beeindruckend* ist einfach ein zu schwaches Wort, um diese ungestüm in die Tiefe fallenden Wassermassen zu beschreiben.

Zu diesem Zeitpunkt hatten sich meine mir geläufigen Superlative gefühlt einfach schon abgenutzt – angesichts der unglaublichen Naturwunder, die ich bis dahin schon auf Island gesehen hatte. Und ich war ja gerade mal auf der Hälfte meiner Rundreise angelangt.

Der Dettifoss ist einer der energiereichsten Wasserfälle Europas. In den Sommermonaten rauschen auf einer Breite von etwa 100 Metern ungefähr 1500 Kubikmeter pro Sekunde in die Tiefe. Machtvoll!

Ich habe auf meinen Fotos unbeabsichtigt (wahrscheinlich eher leichtsinnige) Menschen aufgenommen, die am Rand der Klippen oder an anderen Stellen, die eigentlich nicht zum Betreten freigegeben waren, standen. Und auch, wenn ich selbst diese Unbekümmertheit oder Leichtsinnigkeit nicht nachvollziehen kann und auch nicht gutheiße, war deren Präsenz als Indikator für die Größenverhältnisse im Nachhinein gut. Island ist (bisher) eher entspannt, was Absperrungen oder Warnhinweise angeht.

Ich dachte mir oft, dass man, wenn diese Sehenswürdigkeit in Deutschland stünde, sie vermutlich niemals wirklich besuchen könnte. Denn hier wäre sicher alles doppelt und dreifach gesichert, abgesperrt und mit rechtssicheren Warnschildern gepflastert. Die Isländer vertrauen (noch!) recht stark auf Eigenverantwortung der Touristen. Ich habe mir meine eigene Meinung gebildet (es blieb mir ja nichts anderes übrig, ich habe gesehen, wie sich manche Menschen verhielten) und bin da nicht so optimistisch. Ich selbst finde es mit einer übersichtlichen Anzahl Schilder und nur mit den nötigsten Absperrungen gut. Aber ich bin auch keine isländische Rettungskraft, die regelmäßig in Not geratene Touristen retten muss.

Nach einem kurzen Spaziergang zum ebenfalls beeindruckenden Selfoss-Wasserfall (auch, wenn er von der Gewaltigkeit natürlich nicht mit dem Dettifoss konkurrieren konnte) machte ich mich auf den Weg weiter über die Ringstraße in östlicher Richtung nach Egilsstaðir: Rückblickend einer der für mich tollsten Streckenabschnitte. Es gab leider relativ wenig Parkplätze für Fotostopps an der Straße – möglicherweise habe ich sie auch einfach übersehen, weil ich zu sehr mit Staunen beschäftigt war. Ich ertappte mich dabei, so ungefähr alle 10km ein fasziniertes und andächtiges *"oh wow"* auszustoßen. Im Nachhinein denke ich, dass ich auf dieser Strecke großes Glück mit dem Wetter hatte. Denn auf diesem Teil meiner Reise hatte ich keinen Tropfen Regen, dafür Sonnenschein und Temperaturen im Bereich von 15-18 Grad – so, dass ich gleich mehrere Schichten meines Zwiebellooks ablegen konnte (musste!). Am Dettifoss hatte ich mir tatsächlich einen leichten Sonnenbrand auf der Nase eingefangen.

Selbst der Wind ließ kurz nach. Und auch, wenn ich grundsätzlich auf Regen vorbereitet war: Im Sonnenlicht sieht alles einfach freundlicher und noch beeindruckender aus. Die Weitsicht war grandios. Rentiere, die in diesem Bereich der Insel manchmal anzutreffen sind, sah ich übrigens leider keine – vielleicht habe ich auch sie einfach übersehen?

Zwischen 1771 und 1787 wurden Rentiere aus Norwegen eingeführt, in der Hoffnung, eine Rentierzucht aufzubauen und die Nutzung der Rentiere sowohl für die Fleischproduktion, als auch für Transportzwecke zu etablieren. Heute wird die Rentierpopulation in Island auf etwa 6.000 bis 7.000 Tiere geschätzt. Diese Tiere leben ausschließlich in den östlichen Regionen Islands, insbesondere in den Gegenden um die Nationalparks Vatnajökull und Snæfell sowie in den östlichen Fjorden. Die Tiere haben sich an die kargen und oft unwirtlichen Bedingungen angepasst und bewegen sich in Abhängigkeit von den Jahreszeiten zwischen ihren Sommerweidegebieten im Landesinneren und Winterweidegebieten näher an der Küste. Ob man sie sieht? Wenn man Glück hat: ja.

Rentiere sind für ihre Anpassungsfähigkeit an kalte Umgebungen bekannt. So haben sie z.B. spezielle Nasenstrukturen, die die eingeatmete Luft erwärmen, bevor sie ihre Lungen erreicht. Ihr Fell ist extrem dicht und isolierend, was ihnen hilft, die isländischen Winter zu überleben. Diese Informationen habe ich bei iceland.de gelesen.

Rentiere gesehen habe ich selbst leider keine – möglicherweise war ich auch einfach zu sehr mit meinen anderen Eindrücken beschäftigt. Hier vermisste ich wirklich jemanden an meiner Seite, mit dem ich mich über diese großartigen Eindrücke direkt hätte austauschen können oder der das Steuer eine Weile hätte übernehmen können, damit ich selbst in Ruhe die Landschaft betrachten konnte.

Unterwegs fiel mir dann irgendwann auf, dass ich zum Start dieser Etappe meinen Mietwagen nicht vollgetankt hatte. Mein kleiner Straßenfloh verbrauchte ja wirklich sehr wenig Sprit. Wie ich im Verlauf des Tages feststellte, gab es in diesem Bereich aber kaum menschliche Siedlungen – und eben auch keine Tankstellen. In Deutschland wäre ich unbekümmert gefahren – denn eine Spritreichweite von gut 200 Kilometern lässt mich normalerweise nicht nervös werden. In diesem sehr dünn unbesiedelten und kargen Gebiet führt die Ringstraße über mehrere Bergpässe. Landschaftlich überaus beeindruckend – und einsam. Mag ich ja eigentlich.

Über Google Maps, mit dem ich meine

komplette Fahrt navigierte, suchte ich zunächst noch recht entspannt nach Tankstellen und fand auch eine: in ca. 130 Kilometer Entfernung. Diese Information sorgte dann bei mir für einen akuten Adrenalinschub und unangenehme Hitzewallungen. Denn auf Island solltest du dich auf die Informationen von Google nicht unbedingt verlassen. Zum Glück erreichte ich die Tankstelle, stellte fest, dass sie aus zwei einzelnen Zapfsäulen bestand, die zum Glück funktionierten (!), kämpfte mal wieder kurz mit der Technik (es war eine reine Automatentankstelle) und füllte den Tank meines Autos wieder auf. Mein Puls beruhigte sich wieder. Daher: Danke, Tanke.

Auch, wenn du in Deutschland noch entspannt weiterfahren würdest: Du bist eben nicht in Deutschland, sondern in einer dünn besiedelten Landschaft auf einer Insel im Nordatlantik.

Später stoppte ich in Egilsstaðir, um (sicherheitshalber!) noch mal zu tanken – obwohl mein Tank noch gut gefüllt war – aß mal wieder einen köstlichen Hotdog und kaufte noch ein paar frische Lebensmittel im dortigen Supermarkt.

Obwohl ich mich im Vorfeld informierte, habe ich (natürlich!) erst im Nachhinein gesehen, dass es auch im Bereich von Egilsstaðir viele Dinge gibt, die man unternehmen kann – und es hätte an sich perfekt in meinen Zeitplan gepasst. Leider war ich aber immer noch in meinem *"ich-muss-ja-möglichst-schnell-an-meinem-Tages ziel-ankommen-Trott"* gefangen. Nächstes Mal wird besser, ruhiger und entspannter – bestimmt!

Ich brauche länger, um so richtig im Urlaubsmodus anzukommen – und da ich eben alleine unterwegs war, gab es niemanden, der mich in meinem Wahn ein wenig bremste.

Sonst war es ein klarer Vorteil, nur nach meinem eigenen Gusto zu reisen, hier aber möglicherweise auch ein Nachteil. An sich keine gute Voraussetzung für eine so kurze und von Sehenswürdigkeiten vollgepackte Reise.

Ein Mitreisender hätte mir vermutlich geholfen, manche Dinge entspannter anzugehen. Gut, dafür konnte ich so meine eigenen Schwerpunkte setzen – aber das war halt nicht immer optimal.

Im Nachhinein ärgere ich mich sehr, dass ich nicht noch einen Abstecher zum Vogelfelsen Hafnarholmi in Borgarfjörður Eystri machte. Wie ich schon so oft bemerkte: *dann eben nächstes*

Mal. Unzählige Puffins (*Lundi*) brüteten gerade dort.

Papageientaucher sind *pelagische* Vögel, das bedeutet, sie suchen nur zum Brüten und zur Aufzucht der Jungvögel das Festland auf. Den Rest des Jahres zwischen August und April verbringen sie auf dem Meer.

Mein Problem, das ich aber erst nach meiner Rückkehr erkannte: Ich hatte im Vorfeld so viel gelesen und mich über so viele Dinge informiert, dass ich offenbar den Überblick verloren hatte.

Aber gut, es ist ja nicht so, dass ich nichts gesehen hätte. Ich hätte nur einfach *noch viel mehr* sehen oder unternehmen können. Wer weiß, wofür es gut war. Ich hatte im Kopf, dass ich im weiteren Verlauf meiner Reise noch am Vogelfelsen Dyrhólaey bei Vík halten wollte. Auch dort sollten die Papageientaucher brüten – daher sparte ich mir diesen Abstecher.

Im Nachhinein: Wär ich mal besser Richtung Borgarfjörður Eystri abgebogen... Aber dazu später.

Hinweis: *Viele Sehenswürdigkeiten Islands liegen direkt an der Ringstraße. Für noch mehr* *sehenswerte Dinge sollte die Ringstraße kurz verlassen werden – das ist bei geplanten 200 gefahrenen Kilometern pro Tag und viel Tageslicht zu meiner Reisezeit eigentlich kein großes Problem.*

Es sei denn, man zieht sich den Maßstab auf Google Maps so sehr ran, dass die Sehenswürdigkeiten, die nicht exakt an der Ringstraße liegen, in der eingeschränkten Sicht auf dem Handy nicht zu sehen sind. Das habe ich im Verlauf der Reise gemerkt (bzw. teilweise auch erst später, hier zu Hause, als ich durch Berichte anderer Reisender feststellte, was ich alles verpasst hatte).

Für meine kommende Reise habe ich mir unter Google MyMaps eine eigene Karte erstellt. Dort habe ich wirklich alle Informationen und sehenswerten Punkte eingetragen, die ich in Blogs, Reiseberichten oder in den sozialen Medien fand und nach Kategorien sortiert (Campingplätze, Wasserfälle, Wanderungen, Supermärkte und natürlich Tankstellen). Ist einfach und kostenlos – und möglicherweise bin ich nächstes Mal wirklich besser informiert als auf meiner Jungferntour!

Als ich mein Etappenziel für diesen Tag erreichte, das kleine, beschauliche Örtchen Reyðarfjörður direkt am gleichnamigen Fjord, war ich natürlich wieder einmal viel zu früh dort – es hätte noch viele Tageslichtstunden gegeben, die ich sinnvoll hätte nutzen können. Nur: in Reyðarfjörður selbst gab es jetzt eher weniger zu sehen, fand ich. Wie so oft: Ich unterschätze die Dimensionen auf Island nach wie vor. Oft erwartete ich beim Namen *Stadt* oder *Kleinstadt* (eine gewöhnliche Kleinstadt hat in Deutschland ungefähr 50.000 Einwohner) einfach etwas anderes – und wurde regelmäßig von der Realität übermannt: Ein 200-Einwohner-Dorf, oft ohne die Infrastruktur, die ich aus Deutschland kannte, nennt sich auf Island selbstsicher *Stadt*. Zunächst natürlich erstmal eher blöd für mich – es dauerte lange, bis ich lernte, mich darauf einzulassen und damit umzugehen.

Auch Reyðarfjörður ist mit seinen ca. 1400 Einwohnern sehr übersichtlich. Also beschloss ich, wenigstens den ortsansässigen Wasserfall zu besuchen, den Búðarárfoss. Wasserfälle. Ich glaube, meine Freunde und die Familie waren zu diesem Zeitpunkt von meinen Fotos der vielen Wasserfälle bereits gesättigt. Sie standen ja auch nicht davor und erlebten die Gewalt und die Kraft dieser Wasserfälle so unmittelbar, wie ich es tat.

Vom Mittelpunkt des Dorfes aus dauert der Spaziergang zum Ortswasserfall etwa eine halbe Stunde, je nachdem, wie schnell man (moderat bergauf) geht. Lohnt sich aber definitiv und ist eine gute Möglichkeit, sich nach der Autofahrt ein wenig die Beine zu vertreten.

Meine Unterkunft im Ort war da deutlich schwieriger zu finden – da der Name, der in der Buchungsplattform angegeben war, an der Adresse selbst nirgendwo zu sehen war. Ein netter junger Isländer, von mir spontan angesprochen, regelte vor Ort alles für mich. Ich war an sich schon richtig. Ich habe nicht herausbekommen, ob in der Buchungsplattform nun der alte oder der neue Name der Unterkunft stand, denn der Besitzer hatte gewechselt und einige Zimmer wurden offenbar gerade renoviert.

Aufregend (und abweichend von der Norm) war es für mich auf jeden Fall. Und es war halt niemand da, mit dem ich mich unmittelbar darüber austauschen konnte.

Ich bekam mein Zimmer, das mit Bad, Kühlschrank und einer kleinen Kochgelegenheit wieder zweckmäßig ausgestattet war.

Aufgeschlossene Menschen: *Extrovertierte Menschen werden schnell Zugang zu den Isländern finden. Aber selbst ich, als eher introvertierter Mensch, konnte mich der manchmal ein wenig spröden Herzlichkeit der Einwohner nicht entziehen. Wer will, findet definitiv Anschluss. Auch als Alleinreisender.*

Im örtlichen, für mich überraschend großen Supermarkt (gut, es gab halt sonst weit und breit keinen anderen), besorgte ich mir wieder ein bisschen frische Verpflegung (und die ein oder andere Bierdose) und dann war für mich auch mal wieder Schicht – ich kämpfte immer noch (ja, immer noch...!) mit der Zeitumstellung und auch nach wie vor unter meiner persönlichen Anspannung und Aufregung. Übrigens gibt es auch im kleinen Reyðarfjörður einen Regenbogen-Zebrastreifen, wenn auch nicht an so exponierter Stelle wie zum Beispiel in Reykjavík. Die Regenbogen-Zebrastreifen findet man an vielen Stellen auf Island – das Land stellt sich gerne als offen gegenüber anderen Gesinnungen dar.

Es gibt relativ viele Migranten auf Island. Und natürlich erwarten die isländischen Einwohner, dass sich Menschen, die von außerhalb nach Island einwandern, mit der Sprache beschäftigen und diese lernen. Ein absolut nachvollziehbarer Wunsch, finde ich. Das Lernen der Sprache stellt Migranten allerdings häufig vor Probleme: Die Arbeitsbereiche von Menschen, die nach Island einwandern, sind häufig im Tourismus angesiedelt.

Die Zuwanderer sprechen dann oft in erster Linie mit weiteren Ausländern – die Sprache der Verständigung ist dann häufig eben englisch. Gerade Saisonarbeiter werden oft in separierten Unterkünften untergebracht – Kontakt zu Einheimischen ist schwierig, denn untereinander zwischen Menschen aus verschiedenen Nationen ist Englisch die wichtigste Kommunikationssprache. Selbst z.B. in Supermärkten ist häufig nur der Filialleiter ein Isländer – die anderen Mitarbeiter sind Menschen anderer Nationen – die kein isländisch sprechen.

Da diese Menschen auch häufig mit den vielen Touristen interagieren müssen, fällt das fehlende Sprachvermögen nicht so sehr ins Gewicht. Im Gegensatz zu anderen skandinavischen Ländern gibt es auf Island (noch) keine kostenfreien Sprachkurse. Aber es gibt Initiativen, die an einer Änderung der Situation arbeiten. Auch, wenn ich das sehr optimistisch finde: Isländisch gehört nicht zu den leicht zu lernenden Sprachen, finde ich.

Der nächste Tag sollte mir die Ostfjorde zeigen; einen kleinen Vorgeschmack lieferte mir an diesem Abend schon der Reyðarfjörður. Die Ostfjorde: Ein dünn besiedeltes Gebiet, landschaftlich ein Augenschmaus, hatte ich gelesen. Ich startete gewohnt früh nach einem sehr einfachen Frühstück im an meine Unterkunft angeschlossenen Hotel. Es war zwar kein kulinarisches Highlight, aber es war okay und ich wurde satt – und das ist schließlich die Hauptsache.

Die Ostfjorde

Um es kurz zu sagen: die Ostfjorde fand ich unbeschreiblich großartig. Bis vor wenigen Jahren waren sie touristisch als eher unspektakulär eingeordnet – auch die Ringstraße wurde in diesem Bereich erst vor wenigen Jahren asphaltiert. Der Weg rund um die Ostfjorde auf der Ringstraße ist zwar zeitaufwändig (man fährt halt um die meisten Fjorde herum), aber die Aussichten sind, egal, bei welchem Wetter, meiner Meinung nach jede Sekunde wert – und außerdem hatte ich doch Urlaub – Zeit hätte da eine untergeordnete Rolle spielen sollen!

Ich hatte zunächst großes Glück mit dem Wetter. Klar, es hat immer mal wieder geregnet. Gerade in diesem Bereich hatte ich aber wieder oft Phasen, wo die Sonne schien und der allgegenwärtige Wind schickte die Wolken in absolut beeindrucken Formationen über den Himmel. Im Laufe des Tages nahm der Wind allerdings dramatisch zu und Autofahren wurde anstrengend – selbst für mich mit meinem Kleinwagen. Die Fallwinde der Berge sind nicht zu unterschätzen und teilweise wirklich gefährlich.

Viele Autovermietungen schicken ab bestimmten Windstärken per SMS Warnungen an die Mieter ihrer Fahrzeuge und weisen deutlich darauf hin, dass eine Weiterfahrt mit Wohnmobilen oder Mini-Campern auf eigene Gefahr geschieht (auch die teuren, zusätzlich abgeschlossenen Versicherungen greifen dann nicht). Später sah ich Bilder bei Facebook und Instagram von von der Straße gewehten Campern, Wohnmobilen und anderen *unförmigen* Fahrzeugen. Aber das war eben *später*. Und irgendwie galt das ja nicht für mich. Dass ich mich damit ungewollt in die Reihe der unbelehrbaren Touristen einreihte, war mir zu diesem Zeitpunkt nicht bewusst.

Ich besuchte (ungeplant) Petras Steingarten in Stöðvarfirði – wollte ich eigentlich gar nicht (Gestein sah ich ja auch so genug), aber er lag an der Strecke, öffnete gerade und ich machte zufällig genau dort auf dem Parkplatz eine kurze Pause. Für mich selbst witziges Detail: *Petra* bedeutet z.B. im griechischen *Stein* oder *Felsen*.

Die Menge an Steinen, die Petra gesammelt hatte, hat mich überaus beeindruckt. Die Kristalle und verschiedenen Gesteine, die Petra im Laufe ihres fast 90jährigen Lebens in erster Linie auf Island fand, wurden von ihren Kindern im ehemaligen Wohnhaus und im Garten (Petra starb 2012) zu einer riesigen Sammlung zusammengestellt. Der Eintritt ist für isländische Verhältnisse überschaubar. Umgerechnet knapp 10,- Euro - das passte für mich auf jeden Fall für einen spontanen Besuch. Gerade, als ich wieder ging (ich war die erste und eine Zeitlang auch einzige Besucherin) landete ein Rundreise-Bus voller Touristen. Gut, dass ich so früh unterwegs war.

Die weitere Fahrt durch die Ostfjorde bot mir einen überwältigenden Ausblick nach dem anderen, auch, wenn ich für diesen Part kaum geplante Stopps hatte (und dadurch natürlich wieder das ein oder andere Highlight verpasste).

Treiben lassen wollte ich mich (endlich!), schaute von Zeit zu Zeit auf Google Maps nach, was es für Sehenswürdigkeiten in der Umgebung gab. Mein Tagesziel hieß Höfn. Und ich hatte für die geplanten 220km einen ganzen Tag lang Zeit.

Ein Fjord war schöner als der vorherige. Die für mich äußerst komplizierten Namen der Fjorde konnte ich mir wirklich nicht merken. Ich wurde auch nur noch selten überholt. Gefühlt war ich nach wie vor die Einzige, die sich an die Geschwindigkeitsbegrenzung hielt – aber in meine Richtung waren im Verhältnis auch wirklich wenige Fahrzeuge unterwegs – und wer mich trotzdem überholen wollte, sollte es halt tun.

Denn ich musste ja nicht nur fahren, sondern wollte auch noch schauen! Ich hatte nämlich Zeit. So langsam kam ich wohl endlich im Urlaubsmodus an.

Um es kurz zu machen: Ich war natürlich trotzdem wieder mal viel zu früh in der Region Höfn, in der ich übernachten wollte. Also machte ich einen Abstecher nach Höfn selbst, den ich eigentlich erst für den Start des nächsten Tags geplant hatte. Am Hafen aß ich in der örtlichen Frittenbude Fish´nChips – ein Glas Leitungswasser gab es wie nahezu immer kostenlos dazu.

Leitungswasser: Island hat das angeblich am besten schmeckende, sauberste Leitungswasser der Welt. Es macht absolut Sinn, sich eine Flasche zur Wiederbefüllung zuzulegen oder mitzunehmen. Ob es jetzt eine teure Kanne ist oder einfach nur eine wiederverwendbare Plastikflasche, muss und kann jeder für sich selbst entscheiden. Auffüllen geht nahezu überall (kostenlos) an jedem Wasserhahn. Man sollte aber aus einer Wasserleitung nur mit kaltem Wasser auffüllen (und vielleicht kurz mal laufen lassen); das warme Wasser hat meist einen leichten Schwefelgeruch (ob es auch danach schmeckt, weiß ich nicht, allein der Geruch reichte mir schon, um es nicht zu probieren).

In Restaurants bekommt man das Leitungswasser als Getränk meist kostenlos. In den kälteren Monaten wird es Sinn machen, sich zusätzlich eine Thermoskanne mitzunehmen, um heiße Getränke dabeizuhaben: Aufwärmen von innen!

Auch, wenn meine Mittagsdestination in Höfn *nur* eine Frittenbude (die *Hafnearbuddin*) war: absolut zu empfehlen! Eigentlich wollte ich aufgrund vieler im Vorfeld gelesener Empfehlungen ins Restaurant *Pakkhús* (bedeutet übersetzt: *Lagerhaus*) – das aber noch nicht geöffnet hatte, als ich ankam (ich war halt, wie immer, viel zu früh – seufz). Die Fish´nChips aus der Frittenbude waren aber auch absolut köstlich. Die Bude war voll – im Stimmengewirr hörte ich sehr viele isländische Sprachfetzen, es waren also offenbar nicht nur Touristen, die sich hier verpflegten.

Beim anschließenden Spaziergang auf dem Weg zum äußersten Zipfel der Landzunge zum Aussichtspunkt trainierte ich dann dank des mittlerweile deutlichen (Gegen-)Winds vermutlich die ganzen Fish´nChips-Kalorien wieder ab. Es wehte da schon sehr intensiv und mir war wegen des zwar ebenen, aber wegen des Windes dennoch anstrengenden Spaziergangs (sehr, sehr!) warm, als ich dort ankam.

Am Aussichtspunkt gibt es einen Wegweiser und Modelle zum Sonnensystem – so etwas haben wir tatsächlich in unserer Kleinstadt in Deutschland auch!

Der Sturm war mittlerweile so heftig, dass ich mich locker schräg in den Wind lehnen konnte, ohne umzufallen – daher hab ich von diesem Teil meines Besuchs auch kaum Fotos. Meinen

Selfie-Stick, den ich brav nach wie vor immer mitschleppte, hätte es mir vermutlich samt Handy aus der Hand geweht – das Risiko wollte ich nach wie vor nicht eingehen. Selbst die wilden Gänse interessierten sich jetzt zum Glück nicht mehr für mich (ich mag Gänse nicht wirklich – ich habe schlechte Erfahrungen mit wachsamen Gänsen aus meiner Jugend). Der Aussichtspunkt ist auf jeden Fall sehenswert – und vielleicht erwischst du ja besseres Wetter als ich.

Höfn selbst fand ich klein, aber wie eigentlich jedes Örtchen in Island sehr sauber und absolut überschaubar, wie ich bei einem weiteren kurzen Spaziergang feststellte.

Das örtliche Schwimmbad soll sehr nett sein, ich war aber selbst nicht dort. Das Problem bei starkem Wind auf Island ist nicht unbedingt der Wind selbst. Wenn es dazu dann auch noch regnet, fällt das Wasser nahezu waagerecht. Und das macht Erkundungstouren zu Fuß für mich einfach unangenehm. Ich habe daher von Höfn in der Tat nicht viel gesehen; an diesem Tag hatte ich in meinen Augen eine gute Entschuldigung, früh zu meiner Unterkunft zu fahren. Und außerdem: Ich war ja alleine unterwegs. Der

Einzige, der mir Vorwürfe machen könnte, nicht viel von Höfn gesehen zu haben, war ich selbst.

Durchaus ein Vorteil, wenn du alleine unterwegs bist. Leider bist du aber auch der einzig Schuldige, wenn du dir dann später selbst Vorwürfe machst, den Tag nicht ausgenutzt zu haben.

Auf dem Weg nach Höfn sah ich mehrfach den von Touristen sogenannten *Batman-Felsen* – eine Bergformation, die wie das Batman-Zeichen aussieht. Da ich die Verbindung zum Vestrahorn nicht herstellte, ließ ich diesen Punkt mal wieder entspannt aus. Im Nachhinein: sehr ärgerlich.

Die Preise auf Island: Warum ist Island ein so teures Land? Nun, die Antwort ist relativ einfach: Island ist eine Insel im Nordatlantik, in der Nähe des Polarkreises. Und auch, wenn sich das zunächst mal nach viel Kälte anhört: Auf Island herrscht gemäßigtes Klima. Dies bedeutet, dass sich die milde Luft des Atlantiks mit der kalten arktischen Luft aus dem Norden mischt. Durch dieses Phänomen entstehen auch die vielen und plötzlichen Wetterumschwünge. Die Insel ist bekannt für ihre natürlichen Energien, die aus

Wind, Wasser und durch die Lage in einer aktiven Platten-Region aus natürlichen heißen Quellen bestehen. Daher gibt es viel Wind und stürmisches Wetter. Auch die Niederschlagsmenge ist hoch, wobei der südliche Teil des Landes in der Regel mehr Regen abbekommt als der Norden.

Da Island eine Insel ist, müssen viele Dinge (teuer) importiert werden. Wälder gibt es auf Island kaum, auch, wenn seit einigen Jahren vermehrt daran gearbeitet wird, diesen Zustand wieder zu ändern. Vor der Besiedelung Islands (um ca. 880 n.Ch.) soll Islands Landfläche zu etwa 40% von Wäldern bedeckt gewesen sein. Durch die Besiedelung und die dadurch benötigten Ressourcen (Holz) schrumpfte der Baumbestand auf heute knapp 2%. Es gibt viele Renaturierungsprojekte, alleine, um der zunehmenden Erosion der Insel Einhalt zu gebieten.

Viele Dinge des täglichen Bedarfs müssen also importiert werden, die hohen Zölle tragen ihr Übriges zu den hohen Kosten bei. Das Lohnniveau auf Island ist zwar höher als auf dem europäischen Festland, reicht vielen Isländern jedoch nicht zur Deckung ihrer Lebenshaltungskosten – so dass viele Isländer regelmäßig mehr als einem Job nachgehen.

Meine gebuchte Unterkunft für diese Nacht war ein *Guesthouse* – das erste auf meiner Reise.

Guesthouse bedeutet im Gegensatz zu einem Hostel: Du hast ein Zimmer für dich allein (oder eben ein Doppel- oder Mehrbettzimmer, aber nur für dich und deine Mitreisenden), alles andere wird allerdings mit den übrigen Gästen geteilt: Dusche, WC, Küche, Aufenthaltsräume etc. Ob das etwas für mich war...? Keine Ahnung – wollte ich aber gerne testen.

Ein Hostel kam für mich nicht in Frage, ich wollte auf keinen Fall mein Zimmer und damit meine Nacht mit mir fremden Menschen teilen. Geteiltes Bad, Küche und so: Ich war skeptisch, aber optimistisch.

Mein Guesthouse war ein (ehemaliges und entsprechend umgebautes) Einfamilienhaus irgendwo im Nirgendwo. Als ich nach einigen Kilometern über Feldwege durch einsame Felder dort ankam und den Eingang fand – ich war mittlerweile offenbar wirklich schon *used to unused things*) war ich sehr angenehm überrascht: Super-sauber (wie alle meine Unterkünfte in Island), mehrere Duschräume und Toiletten, ein Aufenthaltsraum mit einem großen Esstisch, eine vollausgestattete Küche mit Kühlschrank, Spülmaschine, Wasserkocher, Mikrowelle und Backofen. Ein überaus ansprechendes, gemütliches und geschmackvoll eingerichtetes (Doppel-) Zimmer für mich alleine. Damit konnte ich sehr gut umgehen. Und die Ausblicke, egal, aus welchem Fenster des alleinstehenden Hauses, waren grandios und von den Eigentümern mit einem Stift auf den Fenstergläsern sehr nett kommentiert!

Wegen der auf ein Badfenster aufgemalten Silhouette des Vestrahorns merkte ich dann auch, dass ich an Stokksnes und Vestrahorn auf dem Weg nach Höfn übrigens mal ganz entspannt vorbei gefahren bin (zu dieser Bergformation gehört auch der Klifatindur, der *Batmanfelsen*). War natürlich ein Fehler. Nächstes Mal!

Es gab an diesem Tag im Guesthouse auch ein paar Gäste, die mit dem System *Guesthouse* eher nicht so klarkamen, wie ich an den eher nicht so freundlichen Einträgen im Gästebuch lesen konnte. Es kann halt nicht immer jedem alles gefallen. Ich selbst bin ja der Meinung, dass für eine einzelne Nacht vieles erträglich ist – gerade, wenn es schon ein Jammern auf einem recht hohen Niveau ist. Die Gäste, die sich in diesem Guesthouse nicht so wohlfühlten, waren Amerikaner.

Amerikaner stellen einen hohen Anteil der Touristen auf Island. Icelandair bietet Direktflüge von einigen Flughäfen in den USA an; ich persönlich fand den Anteil an amerikanischen und asiatischen Touristen auf Island wirklich hoch. Zu Asiaten, denen ich ebenfalls in großen Mengen begegnete, habe ich nochmal eine ganz eigene Meinung. Wer mit Plüschsandalen und einer stylischen, aber eben unpraktischen (und nicht wasserdichten) Jacke einen Wasserfall *von hinten* (den Seljalandsfoss) besichtigen möchte – nun ja.

Übrigens: In Guesthouses müssen die Straßenschuhe meist am Eingang ausgezogen werden. Im Haus selbst sind dann meist nur Hausschuhe (oder zum Beispiel Badelatschen) erlaubt. Es macht also auf jeden Fall Sinn, bei geplanten Übernachtungen in Guesthouses entsprechendes Schuhwerk mitzunehmen. Sonst läufst du halt auf Socken. Auch kein Beinbruch, aber ich selbst mag das nicht so gerne.

Der nächste Tag: Höfn - Vík

Der Wind wurde nochmal erkennbar stärker. Ich hatte am Abend sogar noch mein kleines Mietauto an meiner Unterkunft umgeparkt, nachdem ich aus dem Fenster sehen konnte, wie es vom Wind hin und her geschaukelt wurde. Mit dem Wind parken! Ein Hinweis, den ich zwar gelesen, aber bis dahin gekonnt (nach dem Motto: betrifft mich bestimmt nicht) ignoriert hatte.

*Tipp am Rande: Autotüren, egal wo, wann und egal bei welchen Windverhältnissen, solltest du **immer** umsichtig und mit festem Griff öffnen. Eine einzige Böe reicht, um die Tür überraschend umzuschlagen – und dafür zahlt keine Versicherung, auch nicht mit dem Rundum-Sorglos-Paket. Sinn macht es auf jeden Fall, immer mit dem Wind zu parken. Und das ist keine Bevormundung – sondern ein gutgemeinter Tipp aus jetzt eigener Erfahrung.*

Okay. Mit Wind hatte ich ja grundsätzlich gerechnet. Auch, wenn ich die Dimensionen definitiv unterschätzt hatte und es die Fahrerei zunehmend echt anstrengend machte. Ein echter Nachteil, wenn man alleine unterwegs ist: Es gibt halt niemanden, der übernehmen kann. Und: es gibt auch niemanden, mit dem du meckern kannst, wenn dir die Fahrweise nicht angemessen erscheint.

Aber ich hatte doch viel vor an diesem Tag, immerhin kam ich jetzt in den Süden und damit in die Touristen-Highlight-Region Islands. Jökulsárlón (die Gletscher-Lagune), der Diamond-Beach, Svartifoss und noch so viel mehr. Die Option, wegen Wind oder Wetter eine Tagestour möglicherweise ausfallen zu lassen, hatte ich trotz der vielfachen Warnungen in den sozialen Medien tatsächlich blauäugigerweise nicht auf dem Schirm – obwohl ich natürlich davon gelesen hatte. Aber ich war ja nicht im Winter unterwegs, sondern im Frühjahr... Dass auch die Jahreszeiten auf Island anderen Regeln folgen als in Deutschland, hatte ich gründlich unterschätzt. Meine größte Sorge war ein möglicher Wintereinbruch mit Schnee.

Ja, ich hatte alle Übernachtungen mit Storno-Option gebucht. Die mal länger oder kürzer war. Eine Storno-Möglichkeit für die Unterkünfte war mir wichtig – auf den Zeitraum oder die Notwendigkeit, eventuell ganz kurzfristig zu stornieren: da hatte ich tatsächlich nicht so drauf geachtet. Ich bin mir im Nachhinein aber sicher, dass es so kurzfristige (kostenlose) Stornomöglichkeiten gar nicht gibt. Da hilft dann nur das direkte Gespräch mit den Eigentümern oder direkt die Planung für Campingplätze (was bei Sauwetter vermutlich aber auch keinen großen Spaß macht).

Auf jeden Fall ist man für kurzfristige Verhandlungen mit den Eigentümern der Unterkünfte vermutlich besser gestellt, wenn die Unterkunft direkt dort gebucht wird – ohne einen Umweg über eine Buchungsplattform.

Für meine nächste Reise bin ich besser vorbereitet – und dabei fühlte ich mich ja auch für diese Reise schon sehr gut informiert. An manche Dinge dachte ich aber einfach nicht, z.B., dass ich eben doch nicht alles berücksichtigt haben könnte.

Ein großer Vorteil, wenn du nicht alleine unterwegs bist, ist sicher das gemeinschaftliche *brainstormen*. Jemand anderes hat vielleicht noch einmal andere Infos gelesen als du selbst, hat sich andere Dinge gemerkt oder bedacht. Oder auch einfach andere Interessen. Für mich selbst war der fehlende Input eines anderen Mitreisenden während der Reise selbst kein Problem, erst im Nachhinein kam ich auf den Gedanken, dass eine zweite Meinung vielleicht zeitweise ein Vorteil gewesen wäre.

Das Wetter in Island kann von jetzt auf gleich echt fies werden - egal, zu welchem Zeitpunkt du reist (die *fünf-Minuten-Regel*!). Also durchaus auch im Frühling/Sommer. Ich selbst war natürlich der Meinung, dass es mich nicht treffen würde. Bisschen blöd und möglicherweise auch naiv von mir – ich hatte im Nachhinein betrachtet wirklich oft Glück. Muss aber eben nicht so sein!

Schwarze Strände – das große Thema an der Ost- und der beginnenden Südküste. Ich stoppte an vielen schwarzen Stränden. Gut, ich hatte das Glück, dass häufig gerade Ebbe war – an die Gezeiten hatte ich auf meiner Reise nämlich überhaupt nicht gedacht, wie mir auffiel.

Einer meiner Stopps bescherte mir einen wunderbaren, Spaziergang über einen schier unendlichen schwarzen Strand – und ich war ganz alleine mit mir und der Natur Islands. Diese Me-Zeit genoss ich ganz besonders.

Ein großer Vorteil, wenn du alleine unterwegs bist: Du hast die Freiheit, exakt so lange an einem Ort zu bleiben, wie es *dir* gefällt. Du musst keine Rücksicht darauf nehmen, dass dein Reisepartner vielleicht schon seit einer ganzen Weile müde ist oder Hunger hat. Du findest es toll, einfach auf einem Felsen an einer Steilküste zu sitzen und stundenlang mit leerem Blick den Möwen zuzuschauen? Wunderbar – dann tu das! Es regnet mal wieder und du bist genervt, dir ist kalt und du hast einfach keine Lust mehr, obwohl du doch noch nicht alles gesehen hast? Dann zieh dich halt zurück. Du bist nur für dich selbst verantwortlich – und das ist für jemanden, der im Alltag immer Rücksicht auf die Belange anderer nehmen muss, ein wirklich ungewohntes, aber sehr tolles Gefühl.

Wenn du es nicht möchtest, wird niemand erfahren, dass du an diesem tollen Spot nur bis zur Aussichtsplattform gekommen bist und die tolle, auf Instagram gehypte Wanderung eben nicht unternommen hast.

Für mich selbst war diese Erkenntnis mit einem gewissen Lernprozess verbunden. „Aber *man* muss doch...“: Nein. Muss *man* eben nicht. Und vor allem: Muss *ich* nicht. Warum soll ich z.B. vor einem Gemälde Lebenszeit vergeuden, das mich nicht interessiert und mit dem ich nichts anfangen kann? Um meine Begleitung zu beeindrucken? Um unbekannte Menschen zu beeindrucken? Um (für andere) so auszusehen, als sei ich *kulturinteressiert*? Wenn es mich nicht interessiert, gehe ich weiter – in meinem eigenen Tempo.

Und das ist tatsächlich einer der ganz großen Vorteile des Alleinreisens: ich habe mich auf meine eigenen Interessen und Schwerpunkte besonnen – auch, wenn es wirklich eine Zeit gedauert hat, bis ich das für mich selbst realisiert und umgesetzt habe. Und ja: ein kurzer Urlaub reicht für eine Reise zu mir selbst natürlich nicht aus – aber sie ist ein guter Anfang.

Der Regen machte Pause – der Wind nicht

Ich hatte weiterhin Glück mit dem Wetter, obwohl die Fahrerei erkennbar schwieriger wurde – der Wind war zwar weiterhin heftig – aber für mich (noch) kein Grund, meine Aktivitäten einzuschränken. Zum Glück: Die Gletscherlagune *Jökulsárlón* alleine wäre jede Anstrengung wert gewesen.

Vorher kam ich noch bei den grünen Felsen vorbei: Ich sah die smaragdfarbenen Felsen im Berufjörður vor einem weiteren schwarzen Strand – da ich kurz Sonnenschein hatte, schienen die Felsen vor dem tiefblauen Himmel grün im Licht zu leuchten - ein für mich unfassbar schöner Anblick. Die Ruhe, die diese Felsen für mich ausstrahlten, sog ich in mich auf und ich schwor mir, diesen Eindruck in meinem persönlichen Erinnerungsspeicher zu bewahren. Den heftigen Wind sieht man auf meinen Fotos ja nicht (und mein Schwanken auch nicht).

Ich stoppte jetzt an jeder sich bietenden Möglichkeit. Es gab hier deutlich mehr Haltestellen als auf meinem Weg in den Norden. Und an jedem Fjord gab es andere Blicke und Aussichten, zu denen mir außer einem atemlosen *wow* oft einfach die Worte fehlten – hat aber niemand bemerkt, denn ich war ja alleine mit meinen unglaublich beeindruckenden Eindrücken.

Man merkt übrigens den Unterschied zur Süd-Nord-Route im Westen des Landes sehr deutlich. Sehenswürdigkeiten waren deutlich besser (und früher) ausgeschildert – und auch in zunehmender Häufigkeit vorhanden.

Bei Höfn enden offiziell die Ostfjorde. Das sorgte für viele neue Landschaftseindrücke. Die Ringstraße verläuft zunächst noch an der Küste entlang, das Meer auf der einen und viele steil abfallende Berge auf der anderen Seite. Von Zeit zu Zeit bekommst du einen Blick auf Gletscherzungen. Manchmal wusste ich wirklich nicht, ob ich jetzt (außer auf die Straße geradeaus) nach links oder rechts schauen sollte.

Jökulsárlón und Diamond-Beach

Ich, die vorher sagte: *„Jökulsárlón* (die Gletscher-Lagune) *ist mir ja nicht so wichtig, ist bestimmt rein touristisch... Vermutlich reicht es, wenn du dir das vom Rand aus anschaust"* war und bin übrigens schwer von eben diesem Touri-Spot begeistert.

Und ja: es ist sehr touristisch ausgelegt. Und nein: Rein vom Rand aus gesehen bekommst du definitiv nicht den Eindruck, den du von *auf-der-Lagune* bekommst. Auch vom Rand betrachtet ist die Lagune schon toll. Vom Wasser aus ist sie absolut *stunning* und *astonishing (der Wahnsinn, unbeschreiblich, überaus beeindruckend!).* Du solltest unbedingt auf die Lagune fahren!

Ob jetzt mit einem Amphibienfahrzeug, mit einem Zodiak oder mit einem Kajak: Du kreierst auf jeden Fall eine unvergessliche Erinnerung für dich – versprochen!

Unter anderem wurde neben den beiden James

Bond-Streifen („*Stirb an einem anderen Tag*" und „*Im Angesicht des Todes*") auch „*Tomb Raider*" hier gedreht. Aber auch, wenn du kein Kinofilm-Liebhaber bist: Diese Lagune ist einfach absolut unbeschreiblich, egal bei welchem Wetter. Und leider ist der Zauber endlich – denn der Gletscher schmilzt von Jahr zu Jahr schneller: Die Lagune wird größer, der Gletscher kleiner.

Die unbeschreiblichen Farben der Gletscherbruchstücke, die auf dem Wasser treiben, nehmen je nach Lichteinfall unterschiedliche Töne an. Zu jeder Tageszeit bieten sich dir damit unterschiedliche und absolut einmalige Anblicke.

Ich selbst bin ja leider kein kreativer Fotomensch – und war ja auch nur mit meinem alten Handy unterwegs. Und trotzdem habe ich durchaus einige beeindruckende Fotos gemacht, die ich mir später sogar teilweise als Erinnerung auf Leinwand ziehen ließ. Die Motive waren definitiv stärker als mein mangelndes Talent.

Viele der beeindruckendsten Bilder, die ich im Vorfeld und auch später noch von Island sah, wurden von Drohnen aufgenommen. Der Überblick aus der Vogelperspektive kann die unglaubliche Weite und die Dimensionen einfach viel besser einfangen, als ein Foto von „direkt davor". Für Drohnen gibt es allerdings recht strenge Bestimmungen in Island, informiere dich auf jeden Fall vorher! In vielen Bereichen (gerade an den Touri-Hot-Spots) herrscht Flugverbot oder das Fliegen wird nur mit einer Ausnahmegenehmigung erlaubt. Ich selbst habe keine Drohne und kann dir daher hier keine weiterführenden Informationen geben. Bitte informiere dich bei den gängigen Stellen, bevor du deine Drohne steigen lässt.

Fotos: Ganz ehrlich – auch, wenn ich vermutlich Bilder gemacht habe, die so oder ähnlich tausendfach im Netz zu finden sind: Meine *Bilder hab ich eben selbst gemacht. Und ich weiß, dass ich dort war und habe an jedes Bild meine ganz eigenen Erinnerungen. Deshalb sind meine Bilder für mich selbstverständlich besonders und einzigartig. Ich hatte sicherheitshalber zusätzliche Speicherkarten dabei – was angesichts der Menge an Bildern eine grundsätzlich gute Entscheidung von mir war. Wichtig für mich war: Ich habe viele Eindrücke eben selbst gesehen – nicht nur durch die Linse einer Kamera. Auch mir macht es Freude, wenn ich tolle Bilder in meinem Whatsapp-Status poste – davon kann ich mich nicht freisprechen. Aber mit den eigenen Augen sehen ist halt einfach noch einmal etwas ganz anderes, vor allem, wenn man wie ich eben ein eher untalentierter Fotograf ist.*

Seit dem Sommer 2023 kostet der Parkplatz an der Lagune Gebühren (wie hoch die sind, weiß ich nicht, ich war kurz vor der Änderung dort und parkte noch kostenfrei). Im Hinblick auf die dortige Infrastruktur finde ich Gebühren absolut gerechtfertigt. Ein riesiger Parkplatz, saubere Toiletten und ein kleiner Shop.

Sogar das Wetter hatte bei meinem Besuch ein Einsehen mit mir: es regnete bei meiner Ankunft und der Wartezeit auf meine spontan vor Ort gebuchte Tour, war aber relativ trocken, als ich meine Fahrt mit dem Amphibienfahrzeug über die Lagune antrat (Nieselregen zählte ich – als mittlerweile erfahrener Island-Tourist, der schließlich schon seit ein paar Tagen auf der Insel war – zu diesem Zeitpunkt schon nicht mehr als *Regen*).

Anschließend, ich hatte das Amphibien-fahrzeug gerade verlassen und die obligatorische Rettungsweste wieder abgelegt, öffnete der Himmel erneut so *richtig* seine Schleusen, so dass ich mich kurz im örtlichen Shop unterstellte und mich mit einem heißen Kaffee ein wenig aufwärmte. Es gibt dort selbstverständlich (und glücklicherweise) auch Toiletten.

Ich hatte mir schnell angewöhnt, nach solch beeindruckenden Erlebnissen kurz für mich das Erlebte noch einmal Revue passieren zu lassen. Manchmal machte ich mir ein paar Notizen über meine noch ganz frischen Eindrücke in der Notizbuch-App meines Handys. Wenn du alleine unterwegs bist, fehlt halt leider auch jemand, mit dem du dich spontan über beeindruckende Erlebnisse austauschen kannst – und es fehlt manchmal jemand, der dich auf Dinge hinweisen kann, die du selbst möglicherweise für nicht so wichtig genommen hast.

Direkt gegenüber der Jökulsárlón-Lagune befindet sich der sogenannte *Diamond-Beach*. Den echten Namen dieses Strands, *Breiðamerkursandur*, kennen vermutlich nur noch die Isländer selbst (und auch nur Isländer können den Namen wohl korrekt aussprechen).

Es ist ein an sich unspektakulärer schwarzer Strand – wie er an der Ost-/Südküste Islands recht häufig vorkommt. Dieser Strand erlangte seine Bedeutung durch die Bruchstücke des Gletschers, die nicht auf der Lagune schmelzen, sondern dort an das Ufer gespült werden und dann den Eindruck eines von unzähligen (Eis-)Diamanten übersäten Strandes geben. Es gibt Zeiten, in denen an diesem Strand nur wenige Eisbrocken liegen – und es gibt Zeiten, an denen der Strand damit übersät ist.

Wie immer auf Island: Manchmal hat man Glück - und manchmal eben weniger. Die Anzahl und Größe der Eisbrocken hängt auch von den Gezeiten ab. Für mich war der Aufenthalt dort grandios – trotz des Winds und des mittlerweile fiesen, peitschenden, waagerecht fallenden Regens, der pünktlich *nach* meiner Tour auf der Lagune einsetzte und offenbar in absehbarer Zeit auch nicht wieder stoppen wollte. Ich sah wirklich viele Reste von Eisbergen. Und selbst ich, als Laie mit einem alten Handy, konnte ein paar Bilder machen, die aussahen wie vom Profi-Fotografen. Ich sah zum Schluss auch noch eine neugierige Robbe und versuchte, auch sie fotografisch festzuhalten – mehr oder weniger erfolgreich. Ich weiß, dass sie da war – auf meinen Bildern ist das tatsächlich nur mit meinen Erklärungen erkennbar. Ob mit oder ohne Robbe: Die Gletscherlagune ist definitiv einen Stopp wert – und auch die Touren auf der Lagune sind wirklich nicht nur Geldmacherei, sondern kreieren definitiv bleibende Erinnerungen.

Kommt halt darauf an, was du draus machst – wie immer. Quasi nebenan (etwa 15 Minuten Fahrt von Jökulsárlón entfernt) befindet sich übrigens die Lagune Fjallsárlón. Auch, wenn ich die Tour dort selbst nicht gemacht hab: Die Lagune ist wesentlich kleiner als Jökulsárlón, aber nicht weniger schön! Man kommt dort deutlich näher an den Gletscher heran. Und nach den Infos, die ich gelesen habe, ist auch diese Tour absolut zu empfehlen.

Ich buchte meine Tour am Jökulsárlón spontan vor Ort – das war Ende Mai durchaus möglich, auch, wenn ich etwa eine Stunde im Regen warten musste, bis meine Tour startete. Die Zeit verging für mich wie im Flug, denn auch vom Ufer kannst du bereits beeindruckende Eindrücke sammeln. In den Hochsaisonmonaten macht es aber definitiv Sinn, eine Fahrt auf der Lagune online im Voraus zu buchen.

Von dort aus ging es für mich weiter - ich hatte für diesen Tag ja noch ein paar Ziele.

Den oft inflationär verwendeten Begriff *Lieblingsstrand* fand ich schon immer ganz schwierig – egal, wo sich dieser Strand befinden mag.

Zu einem Wohlfühlort gehört für mich deutlich mehr als Sand und Wasser. Viele Strände Islands haben wirklich gute Chancen, in meine persönliche *hall of fame* aufgenommen zu werden: so vielfältig und jeder im Zusammenspiel von Licht, Wetter und den verschiedenen Arten Sand/Steinen einzigartig. Ich stand oft einfach still und überwältigt da und genoss einfach nur.

Absolut beeindruckend fand ich persönlich den Strand von Lækjavik: Felsen, schwarzer Sand und ungestüme Naturgewalten. Obwohl (oder vielleicht genau deshalb) ich mich da wegen des Windes schon kaum noch auf den Beinen halten konnte, hat dieser Strand bei mir einen tiefen Eindruck hinterlassen. Ein auf Leinwand gezogenes Foto dieses Strands ziert jetzt als Erinnerung mein Wohnzimmer.

Alle diese schwarzen Strände an der Ostküste beeindruckten mich mit intensiven Farbspielen: Blaugrün leuchtendes Wasser, Berge im Hintergrund, vom Wind über den Himmel gepeitschte Wolkenformationen, die für überraschende Lichtspiele sorgten. Strände mit feinem, schwarzen Sand oder mit vom Wasser rundgeschliffenen, tiefschwarzen Kieseln. Felsen, die vor dem Strand stolz der Brandung trotzten.

Jeder Strand, den ich sah, war anders als der vorherige. Mein großes Problem: die Namen der Strände waren für mich oft unaussprechlich und sie sind mir daher leider oft nicht im Gedächtnis geblieben. Die Bilder in meinem Gedächtnis allerdings schon.

Eldhraun

Kurz hinter den beiden Gletscherlagunen zieht sich die Ringstraße ein wenig ins Landesinnere zurück. Auf dem Weg Richtung Süden gen Vík hielt ich spontan an einem weiteren Stopp an der Ringstraße. Zum Glück tat ich das! *Eldhraun*. Sagte mir tatsächlich vom Begriff her überhaupt nichts, obwohl ich mich doch so gut vorbereitet dachte. Zum Glück hielt ich an und las mir die Beschreibung auf einer der Tafeln (die an den vielen Haltepunkten stehen und meist auf isländisch und englisch verfasst sind) durch.

Eldhraun (bedeutet übersetzt etwa *Feuerlava*) ist eines der größten, mit Moos bewachsenen Lava-Felder der Welt. Es entstand bei der sogenannten Laki-Eruption in den Jahren 1783 und 1784. Bei dieser Eruption, die als eine der verheerendsten Naturkatastrophen dieser Zeit gilt, traten unfassbar große Mengen an flüssigem Gestein aus. Im Laufe der Jahre bewuchs Moos den unwirtlichen Boden. Es wirkte auf mich wie eine Gegend aus einer anderen Dimension – auf jeden Fall sah es dort aber wieder einmal aus wie auf einem anderen Planeten.

Ganz einfach ausgedrückt: Es sah aus, als sei die ganze Gegend von Mooskugeln bedeckt. Von sehr, sehr vielen Mooskugeln. Moos, das über runde (Lava-) Steine gewachsen war, so weit das Auge reichte.

Island ist um diese Jahreszeit (Mitte Mai) noch nicht wirklich grün; braun und schwarz überwiegen als Landschaftsfarben (und auch später im Jahr ist braun in vielen unwirtlichen Gegenden eine dominierende Farbe – mangels Bewuchs).

Umso deutlicher brannte sich dieses grüne, kugelige Meer in mein Gedächtnis. Im Wind bewegten sich die feinen Pflanzen, so dass der Eindruck eines riesigen, grünen Meeres entstand. Ein unwahrscheinlicher Anblick, der mich noch viele Kilometer begleiten sollte (das Lavafeld ist über 500 km^2 groß!).

Bitte betritt die Flächen nicht, um dieses Naturphänomen nicht zu zerstören. Es gibt überall angelegte und gekennzeichnete Wanderwege, auf denen du die Einsamkeit und die Ruhe, die dieses Gebiet ausstrahlt, ausgiebig erleben und genießen kannst. Die Regeneration einer zerstörten Moosfläche dauert sehr, sehr lange – es wäre eine Schande, dieses Reservat nur für *ein paar tolle Fotos* zu zerstören. Moos wächst sehr langsam.

Auch auf dieser im Verhältnis recht kurzen Tagesetappe verpasste ich natürlich wieder einige *must-sees*. Zu meiner Entschuldigung: Das Wetter war mittlerweile wirklich fies, es regnete immer noch nahezu waagerecht und der Wind nahm immer weiter zu. Und auch, wenn ich grundsätzlich auf schlechtes Wetter eingestellt war: Schön wars halt nicht.

Vík í Mýrdal

Mein Tagesziel: Vík í Mýrdal. Ich war leider immer noch im *"so-schnell-wie-möglich-am-Tagesziel-ankommen-Modus"*. Gerade auf Island, wo es so viel neben der Strecke zu sehen gibt – und wo ich dank der Fast-Mitternachtssonne sehr lange Tage mit viel Tageslicht hätte nutzen können.

Trotz des ungemütlichen Wetters war es sehr lange hell. In Deutschland ist es oft so, dass man im Herbst oder Winter bei Mistwetter einfach noch ein bisschen früher die Lampen in der Wohnung anmachen muss. Das Gefühl hatte ich tatsächlich auf Island nicht. Es gibt dort (im Frühling/Frühsommer) irgendwie immer eine gewisse Grundhelligkeit, fand ich – auch bei schlechtem Wetter. Ob das nun wirklich so ist oder ob ich das nur so empfand: Bilde dir deinen eigenen Eindruck dazu.

Ich hielt an möglichst vielen Stopps an der Ringstraße an (aus der allgegenwärtigen Sorge, etwas zu verpassen!). Und machte viele Fotos. Und ich dachte wirklich immer noch, ich sei durch meine Recherchen im Vorfeld umfassend informiert: was für ein Trugschluss.

Ich verpasste trotzdem ziemlich viel, wie ich jetzt weiß. Aber gut – ein Grund mehr, noch einmal diese unglaubliche Insel zu besuchen. Ich hielt an diversen schwarzen Stränden (auf meiner Rundreise *vor* dem berühmten schwarzen Strand Reynisfjara – ich war ja entgegen der Crowd im Uhrzeigersinn unterwegs), die direkt an der Ringstraße liegen, an und gewann Eindrücke, bevor ich *den* Strand besuchte, der stellvertretend für alle schwarzen Strände in der südlichen Region Islands steht.

Ich fand diesen Tag insgesamt einfach großartig – erlebte ich doch gerade Naturgewalten – und zwar genau noch in dem Maß, in dem ich noch etwas unternehmen konnte.

Am späten Nachmittag (Überraschung, ich war zum ersten Mal nicht zu früh an meiner Unterkunft!) erreichte ich meine Unterkunft in Vík í Mýrdal. Wieder ein Guesthouse. Diesmal allerdings größer und für viel mehr Menschen ausgelegt. Und wieder stellte ich fest: Es war sauber, gepflegt und absolut empfehlenswert! Dieses Guesthouse war außerdem die mit Abstand günstigste Unterkunft auf meiner Island-Tour.

Ich war mit der Buchung meiner Unterkünfte ja aus den genannten Gründen echt spät dran. Umso glücklicher war ich, in Vík, einer *Touristenhochburg* (das Wort zu nutzen fällt mir für Island wirklich schwer), noch eine Übernachtung zu moderaten Preisen zu finden. Ich war dankbar für jede Unterkunft, für die ich bei den Kosten für eine Übernachtung im zweistelligen (Euro-) Bereich blieb. Mein Zimmer war wie immer super-sauber, ein WC lag direkt neben meinem Zimmer und ich glaube, damit, dass ich für dieses Zimmer mit geteiltem Bad und WC nur etwa 75,- Euro zahlte, bin ich wirklich günstig weggekommen. Ich war an der Südküste angekommen – *dem* Hotspot für Island-Touristen. Ich merkte schnell, dass hier alles etwas besser ausgeschildert war. Für mich war das tatsächlich wie ein break-even-Point. Deutlich mehr Menschen und Autos als auf meiner bisherigen Fahrt und mir war noch nicht ganz klar, wie ich das finden wollte. Mein damals noch vermeintlich letzter Tag lag vor mir. Und ich hatte doch noch so viel vor: Reynisfjara, Dyrhólaey und den Rest vom Golden Circle. Zum Abschluss dann nach Reykjavík.

Im Nachhinein: Für diese Region hätte ich gut noch mindestens einen Tag mehr gebrauchen können. Auch, wenn es nur um einen ersten Eindruck ging. Ich erwähnte es schon: Meine Reiseplanung besaß wirklich großes Verbesserungspotential. Neben der Kirche in Vík, die wegen der exponierten Lage auf einem Hügel ein großartiges und viel fotografiertes Motiv ist, gibt es noch ein für isländische Verhältnisse recht großes „Einkaufszentrum": Einen Supermarkt und ein Outlet eines bekannten Herstellers für Outdoor-Klamotten. Auch, wenn du (eigentlich) nichts kaufen möchtest, ein Besuch ist dieses Outlet auf jeden Fall wert, finde ich.

Mein Zimmer und den Umstand mit den geteilten Bädern fand ich auch hier für eine Nacht vollkommen in Ordnung. Ich hätte morgens noch spontan Frühstück dazu buchen können. Wollte ich nicht, weil ich ja wie immer früh loswollte. Hätte ich gewusst, dass der Vogelfelsen

Dyrhólaey wegen der Brutsaison der Papageientaucher erst um 9 Uhr für den Besucherverkehr öffnete, hätte ich möglicherweise anders entschieden (aber ich hatte mich ja so gut informiert...!).

Der Frühstücksraum sah nämlich wirklich einladend aus. So allerdings machte ich mich sehr früh morgens zunächst auf zum berüchtigsten Strand Islands - Reynisfjara.

Nirgendwo sonst sind auf Island in den letzten Jahren so viele Menschen (Touristen!) ums Leben gekommen wie dort. Dazu muss man wissen: Da Island außerhalb der Hauptstadtregion relativ dünn besiedelt ist, sind die Retter auf Island in erster Linie Ehrenamtliche. Menschen, die ihre Freizeit opfern und ihr Leben riskieren, um in Not geratenen Menschen (ganz häufig eben Touristen) zu helfen oder sie zu retten.

Ich bin da möglicherweise ein bisschen *oldschool*: Ich möchte nicht unbedingt, dass ein Mensch sein Leben aufs Spiel setzt, nur, weil ich als Besucher eines Landes nicht in der Lage bin, offensichtliche Warnungen zu beachten.

Die Südküste Islands

Die Südküste. Für viele Besucher ein Hauptanziehungspunkt (neben dem Golden Circle) ihres Island-Urlaubs. Und ja, ich gebe es zu: eine Sehenswürdigkeit reiht sich an die nächste. Ich hatte, ehrlich gesagt, ein wenig Sorge vor dieser Phase meiner Reise: Würde mich dieser Bereich überfordern?

So viel zu sehen. Und neben vielen Sehenswürdigkeiten vermutlich auch deutlich mehr Menschen als im Rest des Landes. Für mich selbst bestätigte sich wieder mal meine Entscheidung, mit dem Uhrzeigersinn um die Insel zu fahren: es war eine weitere Steigerung – in allen Aspekten.

Dennoch machte ich mir selbst mal wieder Stress: Würde ich alles schaffen, was ich mir vorgenommen hatte? Zum Glück war ich da ja schon ein paar Tage auf Island und hatte bereits bemerkt, dass ich einfach nicht alles in meinem engen Zeitrahmen schaffen konnte. Vor allem nicht, wenn ich immer möglichst früh in meiner Unterkunft sein wollte. Ich merkte auch immer wieder, dass ich meine Zeitrahmen völlig falsch gesteckt hatte: Ich hatte gefühlt zu viel Zeit in Gegenden, für die ich nicht ausreichend vorbereitet war und zu wenig Zeit in Gegenden, in den ich noch viel mehr hätte anschauen können.

Und ein weiterer „Fehler": Ich schaute nach Sehenswürdigkeiten in der Nähe der Ringstraße, weil ich immer meinen knappen Zeitrahmen im Hinterkopf hatte. Ein paar Abstecher wären allerdings durchaus machbar gewesen, zumal ich ja die Halbinsel Snæfellsnes bei meiner Tour ausließ. Ein Reisepartner mit eigenen Wünschen, Ideen oder Zielen wäre für mich sicher eine Bereicherung für das Programm gewesen. Oder eine von Profis geplante Tour. Dafür musste ich keine Kompromisse eingehen, was wieder für meine selbstgeplante Single-Tour sprach. Hat eben beides Vor- und Nachteile.

Für mich, rückblickend betrachtet: meine selbstständige Planung hatte, so, wie ich sie angegangen war, für mich selbst mehr Nach- als Vorteile.

Der Weg von Vík nach Reykjavík

Ich hätte mir so viel mehr ansehen können. Zu diesem Zeitpunkt meiner Reise war es schon sehr, sehr windig. Selbst ich mit meinem kleinen Aygo hatte jetzt teilweise Mühe, auf der Straße in der Spur zu bleiben. Ich wollte an diesem Tag, wie geplant, zunächst Reynisfjara und Dyrhólaey sehen.

Der Strand von Reynisfjara: unbestritten ein toller, schwarzer Strand. Allerdings hatte ich ja (weil ich im Uhrzeigersinn unterwegs war) nun schon einige schwarze Strände gesehen – daher war einfach das Thema *schwarzer Strand* allein für mich nicht mehr so beeindruckend.

Als ich an Reynisfjara ankam, regnete es nur leicht und noch nicht ganz waagerecht – ich wollte immer das Positive sehen! Zu Hause wäre ich bei dem Wetter trotzdem sicher nicht rausgegangen, wenn ich nicht gemusst hätte.

Die in den letzten Jahren installierte Ampel-Warnleuchte am Parkplatz blinkte gelb.

Man durfte also den Strand grundsätzlich betreten, sollte aber eben vorsichtig sein und nicht zu nah an die Brandung gehen. Nun gut – ich wollte ja Erinnerungen und Eindrücke sammeln – und das hatte für mich nichts mit Erkenntnissen über die Kapazitäten und die Effektivität der einheimischen Rettungskräfte zu tun.

Ich verzichtete angesichts der Warnungen vor den sogenannten Sneaker-Waves auch darauf, auf die Basaltfelsen zu klettern. Zwar offenbar nur ich und nicht die übrigen, zu dieser frühen Stunde noch wenigen anderen Touristen, die unbeeindruckt und wagemutig auf den glitschigen Felsen herumkletterten – aber gut. Ich kann die Welt nicht alleine retten. *Mich selbst* musste jedenfalls niemand retten.

Ja, einige Videos und Fotos konnte ich so nicht machen. Zum Glück gibt es genug Bilder auf Instagram und sonstigen sozialen Medien und ich könnte sie mir anschauen, wenn ich wollte. Und außerdem: Ich war selbst dort. Das sind meine Erinnerungen, die mir niemand nehmen kann. Es gibt Dinge, die ich offenbar nicht (mehr) verstehe, vermutlich bin ich zu alt für so was.

Wie kann man für ein Foto nicht nur sein eigenes, sondern eben auch das Leben der potentiellen Retter aufs Spiel setzen?

Die Zufahrt zum Vogelfelsen Dyrhólaey, der quasi nebenan liegt, wurde wegen der brütenden Vögel erst ab neun Uhr freigegeben – das wusste ich aber zu diesem Zeitpunkt noch nicht. Die Straße war mit einer Schranke versperrt und wurde erst pünktlich um neun Uhr von einer Rangerin geöffnet.

Als ich dann auf dem Parkplatz ankam, war es dermaßen windig, dass es mich ein paar Mal einfach fast von den Füßen geweht hätte. Am Parkplatz gab es glücklicherweise ein recht neues Toilettenhaus. Ich war zwar erst recht kurz unterwegs – aber die Natur forderte schon wieder ihr Recht – seufz.

Der Parkplatz ist kostenfrei (Stand Mai 2023) – die Toiletten allerdings sind kostenpflichtig. Den Preis weiß ich nicht mehr – man konnte halt mit Kreditkarte zahlen, wie überall auf meiner Tour. Sogar für die Klobenutzung.

Island ist bisher noch relativ entspannt mit Begrenzungen, Mauern oder Verboten – das war tatsächlich manchmal nicht ganz ungefährlich. Später dachte ich mir: nun gut. Es war windig. Jeder denkende Mensch merkt das doch und bleibt dann von Klippen oder Felsvorsprüngen lieber etwas zurück – ich kann meine deutsche Staatsbürgerschaft offenbar nicht verleugnen.

Es gibt nicht überall diese inflationären Schilder oder eine Verbots-Beflaggung, die es z.B. in Deutschland gibt. Mir selbst gefiel es tatsächlich sehr gut, nicht dauernd wegen möglicher Gefahren bevormundet zu werden – bei erkennbaren Risiken sollte jeder Mensch sein eigenes Risiko einschätzen können, fand ich.

Das galt allerdings tatsächlich nicht für viele der Amerikaner und der Asiaten, auf die ich in Island traf. Gerade die Einstellung einiger Amerikaner ließ mich manchmal echt einfach nur fassungs- und sprachlos stehen: „Keine Warnung? Keine Absperrung? Dann kann ich doch alles tun, was ich möchte und meine Erben verklagen hinterher den Eigentümer". Seit diesem Urlaub auf Island verstehe ich nun auch, warum in den USA auf Mikrowellen explizit darauf hingewiesen wird, dass diese Geräte nicht zum Trocknen von Haustieren geeignet sind.

Zur Klarstellung: Natürlich sind nicht alle Amerikaner so – an sich mag ich diese Pauschalisierungen nicht (*der Deutsche, der Ami* oder *der Asiate* und es gibt ja noch so viele weitere pauschale und meist nicht nette Beschreibungen von Nationalitäten). Aber ich bekam tatsächlich mehr als einmal entsprechende Konversationen mit.

Ich war bis dahin davon ausgegangen, diese Darstellung amerikanischer Staatsbürger sei häufig Satire. Ist es sicher – vermutlich zum Leidwesen vieler Amerikaner – auch oft. Aber halt nicht immer. Und wer weiß, was ich verpasst habe, weil ich Konversationen in weiteren Sprachen (außer englisch und deutsch) nicht folgen konnte.

Hinweis zum Bargeld: Ich hatte keinerlei physische isländische Kronen im Gepäck. Ich hatte mich darauf verlassen, dass man nahezu überall mit Karte zahlen kann. Ausnahmen sind wohl manche Campingplätze, auf denen die Gebühr für die Übernachtung per Bargeld gezahlt wird. Da ich Campingplätze nicht nutzte, war dieser Hinweis für mich obsolet. Ich denke, wenn man unbedingt möchte, reicht es völlig aus, einen Betrag von ca. 50,- Euro in ISK zu tauschen, damit sollte man für Bargeldverfügungen gerüstet sein. Diesen Betrag sollte man dann wegen des Wechselkurses aber eher in Island selbst an einem der Geldautomaten ziehen.

Der Vogelfelsen Dyrhólaey ist ein unglaubliches Erlebnis und beeindruckte mich weitaus mehr als der *Black Beach Reynisfjara*. Nach meinem obligatorischen Toilettenstopp und einem sturmgebeutelten Blick auf Reynisfjara von der anderen Seite fuhr ich an Dyrhólaey noch einmal ein paar wenige Meter über Serpentinen recht steil bergauf weiter zum weiteren Aussichtspunkt: dem Parkplatz am Leuchtturm.

Die Straße ist asphaltiert und die Strecke ist echt kurz, wenige hundert Meter, schätze ich. Es geht ganz schön bergauf – mein kleines Auto forderte mich permanent zum Runterschalten auf. Irgendwann war aber halt mal (mangels weiterer Gänge) Schluss. Bei einer weiteren Island-Reise habe ich dann auch gesehen, dass die Auffahrt offenbar nur für 4x4-Fahrzeuge erlaubt ist. Gut, das erklärte meine Schwierigkeiten. Ich habe es allerdings bei dieser Reise schlichtweg nicht zur Kenntnis genommen. Der Zugang wäre trotzdem möglich – zu Fuß halt.

Die Auffahrt über die (wenigen) Serpentinen lohnt sich auf jeden Fall – auch, wenn ich auf dem Weg ein paarmal echt überlegte, ob das jetzt mit meinem Straßenfloh wirklich eine gute Idee von mir war. Aber ich hatte ja nach dem Start, außer Rückwärtsfahren, nicht wirklich eine Alternative. Den Weg hätte ich an sich auch laufen können – da fehlte mir halt eine zweite Meinung.

Allein schon der Blick vom Parkplatz oben aus war grandios. Der Wind weniger. Dort oben, ohne den Wind abmildernde Berge, war es sehr, sehr stürmisch. Ich hatte gehofft, Puffins (Papageientaucher) zu sehen, dafür hätte ich aber vermutlich einen der Wanderwege einschlagen müssen. Wegen des Windes blieb ich sicherheitshalber aber nur auf der kurzen Route rund um den Leuchtturm und gewann (fast) immer erfolgreich den Kampf mit dem Wind um meine Standfestigkeit. Es war dennoch für mich ein einmaliges Erlebnis mit tollen Aussichten!

Einige tolle Fotos habe ich dort gemacht – auch, wenn ein paar Bilder leider wegen des aggressiven, böigen Windes doch recht verwackelt waren. Allerdings eben ohne Puffins, die ich doch so gerne aus der Nähe gesehen hätte. Wäre ich doch ein paar Tage vorher bei deutlich besserem Wetter nach Borgarfjörður Eystri im Nordosten Islands abgebogen... Nächstes Mal.

Immerhin war es auf Dyrhólaey trocken. Was sich aber sehr schnell änderte, als mich ich auf den Weg zu meinem nächsten Ziel machte:

Svartifoss - der schwarze Wasserfall

Im strömenden Regen kam ich auf dem Parkplatz beim Svartifoss an. Ein wenig enttäuscht war ich zunächst schon: Irgendwie kam ich mit einem derart ausgebauten Parkplatz mitten im erwarteten Nirgendwo nicht so klar. Es gibt dort einen Campingplatz, ein Besucherzentrum – und der Parkplatz muss bezahlt werden. Nun gut. Ich wollte unbedingt diesen Wasserfall sehen.

Auf den Hinweisschildern las ich, dass der kurze Fußmarsch dorthin etwa 1800 Meter betragen sollte. Ein Klacks, dachte ich, d*a bist du ja zu Hause mit dem Hund regelmäßig deutlich länger unterwegs.* Da wusste ich allerdings noch nicht, dass es diese 1800 Meter nonstop bergauf gehen würde. Und eben nicht nur moderat aufwärts, sondern eben *bergauf.* Das ist mir in Island öfter aufgefallen: wo es in Deutschland die Steigung mildernde Serpentinen geben würde, gehen die Isländer (zumindest bei Wanderwegen) lieber den direkten Weg – bergauf oder bergab. Direkt halt. Ich schnaufte heftig, mein Gesicht nahm eine vermutlich eher ungesund wirkende Röte an – ich quälte mich hoch. Mehr als einmal zog ich Umkehren als Alternative in Betracht: strömender Regen, Wind (natürlich immer von vorn!) und dann auch noch dauernd bergauf: zu Hause hätte mir bereits einer dieser Punkte als Ausrede gereicht, um nicht loszulaufen (zumindest zum Thema Regen hätte ich daheim auch die volle Unterstützung meines Hundes gehabt, der Wasser in Form von Regen hasst).

Aber ich war ja auf Island, ich war alleine unterwegs und genau *jetzt* an diesem Ort. Den ich doch unbedingt sehen wollte. Hier hätte es zwar niemand erfahren, dass es eher an meiner mangelnden Kondition gelegen hätte, wenn ich diesen Wasserfall ausließ. Zum Glück gibt es aber doch so etwas wie persönlichen Stolz.

Ich sprach mir wiederholend gut zu, dass ich ja schon so viel des Wegs geschafft hatte, dass dieser Wasserfall definitiv sehenswert ist, dass ich mich nicht so anstellen soll: Das hielt mich schließlich vom Aufgeben ab. Und: Es hat sich absolut gelohnt. Alleine das Gefühl *du hast es gemacht!* war für mich selbst unbezahlbar. Und der Wasserfall selbst und die Basaltfelsen, über die er hinunterstürzt, sind wirklich sehr beeindruckend. Selbst im Regen!

***An dieser Stelle ein wirklich wichtiger Hinweis:** egal, wo du unterwegs bist. Schau dich von Zeit zu Zeit einfach mal um, blicke zurück und betrachte den Weg, den du bereits zurückgelegt hast. Ich verspreche dir, dass du einfach noch mal weitere, unbeschreibliche Landschaftseindrücke bekommen wirst!*

Auf dem Rückweg (bergab) konnte ich mir beim Blick in die gequälten Gesichter der entgegenkommenden Touris ein wissendes Lächeln nicht verkneifen. Ich nahm dann natürlich noch am Touri-Zentrum die Toilette in Anspruch, platzierte meine tropfnassen Klamotten zum Trocknen an diversen Stellen im Auto (ein Vorteil, wenn man allein unterwegs ist: Es gibt genug Möglichkeiten) – und machte mich, sehr stolz auf mich, den Aufstieg zum Svartifoss gemeistert zu haben, auf den Weg zu meinen nächsten Tageszielen.

Zwei weitere großartige Wasserfälle: Skógafoss und Seljalandsfoss

Und sie lagen beide (natürlich!) auf meinem Weg. Tatsächlich hielt ich noch an einem weiteren Wasserfall direkt an der Ringstraße an (den Namen des Wasserfalls habe ich leider vergessen) – da es zu diesem Zeitpunkt gerade zusätzlich zum immer noch zunehmenden Wind auch noch graupelte, stieg ich nicht aus, machte *touristenlike* nur ein Beweisfoto auf dem Parkplatz aus dem Autofenster und setzte meine Fahrt fort.

Gewaltig, beeindruckend, überwältigend. Mir gingen die Superlative aus – obwohl ich mich doch auf die ungewohnten Naturgewalten Islands eingestellt und vorbereitet hatte. Die Fotos, die ich in meinem WhatsApp-Status postete, enthielten dann irgendwann einfach nur noch die Namen der Sehenswürdigkeiten – alles Andere wäre mir tatsächlich irgendwie abgedroschen vorgekommen.

So auch beim Skógafoss. Zunächst dachte ich: meine Güte, schon wieder so viele Menschen, ein großer Parkplatz, wieder ein angeschlossener Campingplatz – irgendwie so gar nicht meine Welt. Südküste halt. Tatsächlich lief ich dann in einer recht großen Gruppe von Menschen zum Wasserfall: *da bist du schon da, dann gehst du auch hin!*

Direkt vor Ort verteilten sich die Leute allerdings, wie so oft auf Island – so dass ich es sogar schaffte, Fotos vom Wasserfall ganz ohne fremde Menschen aufzunehmen. Wobei ich ja sagen muss: Manchmal sind andere Menschen auf den Fotos gar nicht so schlecht – denn nur so werden die Dimensionen der Naturgewalten auf den Bildern erkennbar. Hat also alles irgendwie auch sein Gutes.

Meinen Selfie-Stick, den ich auch als Stativ hätte nutzen können, ließ ich angesichts des Wetters (des Winds!) weiterhin gut verstaut im Rucksack. Es ist am Skógafoss möglich, über einige (viele!) Treppen nach oben zu klettern. Nach meiner wegen des Aufstiegs gefühlten

Nahtoderfahrung am Svartifoss entschied ich spontan, dass ich diesen Ausblick nicht bräuchte und schaute mir diesen Wasserfall nur von unten an.

Noch einmal wesentlich beeindruckender als den Skógafoss fand ich allerdings den Seljalandsfoss. Gut, ich hatte zu diesem Zeitpunkt auch schon einige von Islands Wasserfällen gesehen – einige gewaltige, welche mit großer Falltiefe, Wasserfälle mit enormem Wasserdurchlauf und auch kleine, die ich rein landschaftlich einfach wunderschön fand.

Obwohl ich beim Seljalandsfoss wieder zunächst etwas pikiert war: Denn der Parkplatz ist riesig, kostenpflichtig und irgendwie hatte ich mal wieder den Eindruck eines *Touristenfang-Spots*.

Natürlich parkte ich trotzdem dort, zahlte brav meinen Obulus über eine App und machte mich skeptisch mal wieder in einer Menschenschlange auf den kurzen Weg zu Fuß zum Wasserfall. Und wie so oft in Island: Die Menschenmassen verliefen sich vor Ort.

Ich selbst stand plötzlich *hinter* dem Wasserfall – diesmal war ich durch meine

Recherchen im Vorfeld tatsächlich mal passend vorbereitet: mit Regenjacke und Regenhose und dem Regen-Verhüterli für meinen Rucksack.

Diverse andere Touristen waren nicht vorbereitet – deren Anwesenheit war daher erkennbar relativ kurz. Obwohl ich offenbar zur Stoßzeit dort war (gegen Mittag), konnte ich auch hier Fotos fast ohne andere Touristen machen. Ich sah gerade an diesem Ort viele asiatische (Bus-)Touristen, die mit sehr leichtem, eher unpassenden Schuhwerk und zugegeben sehr chicken (aber eben nicht regendichten) Jacken mit mir auf dem Weg zum Wasserfall waren. Diese Touristen hielten sich dort nicht lange auf – die Kleiderwahl ist wirklich nicht zu unterschätzen, wenn du die Sehenswürdigkeiten wirklich genießen und nicht nur auf deiner bucket-list abhaken möchtest.

Das Gefühl, *hinter* einem Wasserfall zu stehen, war für mich definitiv ein ganz Besonderes. Leider war auch hier der Wind schon sehr stark, so dass die Gewaltigkeit der herabfallenden Wassermassen auf meinen Fotos nicht so richtig zur Geltung kamen (teilweise schwebte das Wasser wegen des Windes offenbar sogar *nach oben*!): Für mich war das, obwohl es sich zunächst enttäuschend anhört, tatsächlich ein weiterer unvergesslicher Eindruck. Ein Wasserfall, der *nach oben* fällt? *Ich* hab es gesehen und erlebt – und das ist für mich wichtig und diesen Eindruck nimmt mir niemand mehr.

Das Einzige, was ich hier wieder einmal schmerzlich vermisste: Es gab halt niemanden, mit dem ich meine Eindrücke sofort teilen konnte. Es gibt angelegte Wanderwege, die du unbedingt nutzen solltest – denn in der unmittelbaren Umgebung gibt es weitere, sehenswerte Wasserfälle. Viele Touristen besuchen lediglich den Hauptwasserfall und kehren danach zum Bus oder zum Auto zurück.

Ein Stichwort für deine Planung könnte also *Gljúfrabú* sein. Übrigens war dort, wo sich jetzt der Seljalandsfoss befindet, früher die Küstenlinie Islands. Die Landmasse hob sich im Laufe Jahre an, so dass diese Wasserfälle nun weit im Land liegen.

Natürlich teilte ich meine Bilder und Eindrücke später mit meinen Freunden – aber ein Status bei Whatsapp oder eine Story bei Instagram hat für mich nicht den gleichen Effekt wie ein unmittelbarer Austausch im Moment des Erlebens.

Der Rest vom Golden Circle: Gullfoss und der Geysir

An meinem Ankunftstag hatte ich bereits einen Teil des Golden Circle besichtigt. Zum Golden Circle auf Island gehören der Þingvellir-Nationalpark, der Wasserfall Gullfoss und der Geysir und das dortige Geothermalgebiet und je nach Beschreibung auch noch zusätzlich der Kratersee Kerið.

Für den aktuellen Tag standen für mich noch der Wasserfall Gullfoss und das Gebiet des Geysirs auf dem Programm. Den Kratersee hatte ich, ehrlich gesagt, überhaupt nicht auf dem Schirm.

Gullfoss fand ich absolut beeindruckend. Ein Wasserfall, der in zwei riesigen Kaskaden in die Tiefe stürzt. Es gab mehrere (ausländische) Bemühungen, diesen Wasserfall zu kaufen und zur Energiegewinnung einzusetzen, die aber zum Glück für dieses tolle Naturereignis bisher nicht zustande kamen. Gullfoss ist touristisch voll erschlossen - ich gehe davon aus, dass mit diesem Schritt die Verluste aus einer möglichen energiegewandten Nutzung für die Isländer voll kompensiert wurden. Auf jeden Fall ist dieser Wasserfall definitiv einen Besuch wert!

Das angeschlossene Besucherzentrum ist stark kommerzialisiert – aber dennoch durchaus besuchenswert (und kein Vergleich zu Shopping-Areas in südeuropäischen Ländern, die du vielleicht kennst!). Ich besorgte hier einige Mitbringsel für diejenigen, die mich auf meiner Reise nicht begleiten konnten oder wollten. Vom gut frequentierten (und ziemlich großen) Parkplatz startete ich mit wieder einmal vielen anderen Menschen, die diesen Wasserfall besuchen wollten. Diese Menschenmenge verteilte sich im Gebiet rund um den Wasserfall.

Island hat sehr viel Platz für die Menge an Touristen, das war mir ja nun schon häufiger aufgefallen. Was soll ich zum Wasserfall noch sagen? Unglaubliche Wassermengen, die in die Tiefe stürzen. Ich glaube, diese Wassermengen und diese Urgewalten kann man mit Worten wirklich nur ganz schwer beschreiben – ich selbst kann es nicht, mir fehlen dafür wieder einmal die Worte. Diesen Wasserfall musst du selbst gesehen haben, um zu begreifen, was ich meine. Ich erlebte die Naturkräfte – von diversen, verschiedenen Blickpunkten. Alle Wege und Aussichtspunkte waren ausgeschildert und ich wurde dank meiner sicherheitshalber angelegten Regenklamotten auch nur marginal nass. Anderen Touristen ging es da sichtbar anders, der permanente Wasserdampf der herabstürzenden Wassermassen kann dich ganz schön durchnässen.

Der Wind hatte zu diesem Zeitpunkt glücklicherweise endlich etwas nachgelassen. Hätte ich damals gewusst, dass das offenbar nur ein Luftholen war, wäre ich vermutlich zu diesem Zeitpunkt schon leicht nervös geworden. So aber war ich guter Dinge und genoss einfach nur den Anblick ungezähmter Natur.

Von dort aus ging es für mich weiter zum Geysir.

Namengebend für alle Geysire auf der ganzen Welt ist der *Große Geysir* auf Island, der allerdings seit ein paar Jahren schläft. Sein kleiner Bruder hingegen, der Geysir *Strokkur* (bedeutet *Butterfass*), ist aktiv und stößt im Abstand von ein paar Minuten regelmäßig eine Wasser-/Gaswolke in den Himmel. Mal mehr, mal weniger groß. Beide liegen im Gebiet eines geothermalen Areals. Interessant und imposant zu sehen – aber zumindest für mich nach einer halben Stunde auch wieder *gut*. Das Gebiet ist definitiv spannend – auch dort gibt es einige blubbernde Quellen. Möglicherweise war ich bereits ein wenig gesättigt an diesen Naturgewalten – hatte ich doch schon so viele Besonderheiten auf Island gesehen.

Da ich ja mit dem Uhrzeigersinn unterwegs war, hatte ich ein geothermales Gebiet bereits in der Nähe vom See Mývatn bei bestem Wetter gesehen. Gut, einen aktiven Geysir gab es im Norden nicht – und den Strokkur fand ich auch tatsächlich sehr aufregend.

Ich wollte/musste an diesem Tag noch nach Reykjavík. Die Route zu meinem dortigen Hotel führte mich erneut durch den Þingvellir-Nationalpark. Abweichend zur sonstigen Geschwindigkeitsbegrenzung in Island gilt hier ein Tempolimit von 50km/h. Kam mir entgegen, denn ich hatte so mehr Muße zum Schauen. Zumal ich diesen Routenabschnitt tatsächlich mal wieder überhaupt nicht bewusst auf dem Schirm gehabt hatte.

Der Weg ist das Ziel – es fiel mir immer noch sehr schwer, diese Reiseeinststellung zu verinnerlichen. Ich war allein auf weiter Flur – und war sehr überrascht, als mein Navi mir plötzlich ankündigte, dass ich aufgrund hohen Verkehrsaufkommens etwa fünf (!) Minuten später als geplant mein Ziel-Hotel in Reykjavík erreichen würde. Zum Zeitpunkt der Warnung war weit und breit kein anderes Fahrzeug zu sehen und ich dachte tatsächlich zunächst an eine Fehlfunktion oder einen Scherz.

Nun gut, ich hatte verdrängt, dass es in den wenigen *Ballungsgebieten* Islands Ampeln gibt, die zu Verzögerungen führen könnten. Möglicherweise liegt es auch daran, dass allein im Gebiet Reykjaviks 37,3 % der Gesamt-bevölkerung des Landes leben.

So war es denn auch. Fünf Minuten! In Deutschland hätte ich einer solchen Meldung vermutlich noch nicht einmal Beachtung geschenkt – wenn ich überhaupt darauf hingewiesen worden wäre. Ich war froh, dass ich noch einmal durch diesen Teil des Nationalparks fuhr – denn diesen Weg hatte ich im Vorfeld gar nicht als mögliches Highlight wahrgenommen. So viel zum Thema: *Ich war gut vorbereitet.* Nur durch meine unbedarfte Routenplanung wurden mir dessen Dimensionen bewusst. Es machte mir klar, dass der Nationalpark Þingvellir eben nicht nur aus den oft genannten Sehenswürdigkeiten besteht, sondern auch sonst echt sehenswert ist. Park- und Halteplätze und auch Wanderwege gab es hier übrigens viele (von denen ich auch einige nutzte!).

Fünf Minuten Verspätung. Trotzdem: Der Verkehr, der mich in Reykjavík erwartete, war überhaupt kein Vergleich zu Staus, wie ich sie aus Deutschlands Ballungsgebieten kannte. Ich erreichte mein Ziel, mein Hotel in Reykjavík, tatsächlich gut fünf Minuten nach der avisierten Zeit. Ehrlich gesagt, empfand ich den Verkehr und das Getümmel als nicht so schön. Gerade, weil ich auf meiner Rundreise häufig alleine und der Verkehr sehr überschaubar war, war Reykjavík ein kleiner Schock für mich.

Google Maps: *Navigieren mit Google-Maps ist absolut möglich (siehe meine Hinweise unten dazu). Du solltest dich halt nicht unbedingt auf die Zeitangaben fokussieren (wobei durch KI ja gerade unglaubliche Entwicklungen im Gange sind). Beeinflussende Faktoren sind auf jeden Fall das Wetter, die Straßenbeschaffenheit und natürlich deine Individualität: deine Stopps auf der Strecke.*

Wenn du Urlaub in Island planst, solltest du möglichst ohne Zeitdruck unterwegs sein und dir einfach die Zeit gönnen, spontan irgendwo abzubiegen. In einer Woche kannst du schon viel sehen, aber entspannt reisen geht anders. Wenn du das weißt und berücksichtigst, gehst du halt anders an die Planung deines Urlaubs und deiner Tagesetappen heran.

Reykjavík

Ursprünglich hatte ich ja mal unter anderem eine Standort-Reise von Reykjavík aus geplant. Ich wollte Reykjavík entdecken und von dort ausgehend Ausflüge in den Süden und Westen der Insel unternehmen. Natürlich hatte ich in vielen Berichten im Vorfeld gelesen, dass man Reykjavík zwar gesehen haben sollte, dafür aber im Normalfall ein bis zwei Tage durchaus ausreichen.

Ich war an diesem Abend (mal wieder im strömenden Regen) zu Fuß in Reykjavík unterwegs und schaute mir den Hafen, die Harpa, die Hallgrímskirkja, die City mit der Regenbogenstraße (auf der Einkaufsstraße Skólavörðustígur) und natürlich die Sun Voyager-Skulptur an. Eigentlich wollte ich mir auch noch gerne Perlan (ein interaktives Naturkundemuseum, sogar mit einer Eishöhle, die mit echtem Eis von Gletschern nachgebaut wurde) anschauen – das war aber leider tatsächlich kurz vor der Schließung, als ich dort ankam.

Ich aß wieder einen köstlichen Hotdog, diesmal von der wohl berühmtesten Imbissbude Islands, „Bæjarins Beztu Pylsur" („Die besten Hot Dogs der Stadt") und machte mich dann gestärkt und leicht durchgefroren auf Rückweg zum Hotel. Ein halber Tag für die Hauptstadt war für mich zu wenig, denn eigentlich wollte ich noch *Perlan, Fly over Iceland* und die *Lava Show* sehen. Reykjavík bietet sich auch für einen Kurzurlaub an. Bei meiner eigenen Reise ging es mir in erster Linie um die Natur, so dass ich es nicht so schlimm fand, auch hier in Reykjavík einiges verpasst zu haben. I´ll be back.

Für westeuropäische Verhältnisse sind die Entfernungen in Island oft überschaubar – im strömenden Regen macht aber alles (zumindest mir) einfach etwas weniger Spaß. Am nächsten Tag sollte ich entspannt gegen 14 Uhr von Keflavík aus zurück nach Deutschland fliegen.

Der Wind hatte wieder deutlich zugenommen – und als ich an meinem vermeintlich letzten Tag pünktlich am Flughafen ankam, hatte der Sturm bereits Orkanstärke erreicht.

Die Rückgabe meines Mietwagens war völlig unproblematisch, ich hatte ja sicherheitshalber bei der Übergabe Fotos gemacht (die allerdings niemand sehen wollte) – und außerdem das Rundum-Sorglos-Paket ohne Selbstbeteiligung abgeschlossen.

Mein Flug wurde wegen des Wetters gecancelt. Ich erfuhr davon allerdings erst am Gate; gut fünf Minuten, bevor der ankommende Flug aus Frankfurt hätte landen sollen. Später habe ich erfahren, dass der Pilot wegen des Winds kurz vor Keflavík umdrehte, in Irland auftankte und mit allen Passagieren zurück nach Frankfurt flog.

Für mich war diese Entwicklung sehr aufregend – für viele andere Reisende auf dem internationalen isländischen Flughafen aber offenbar eher Routine.

Leider war es dann doch sehr umständlich für mich, herauszufinden, wie es denn jetzt weiterging. Zum Glück waren alle Flughafenmitarbeiter, mit denen ich sprach, wirklich sehr, sehr nett und hilfsbereit (wenn auch leider großteils ziemlich ahnungslos).

Ein Tipp: verlass dich nicht unbedingt auf die Infos, die du per (automatisierter) Mail von deiner Fluggesellschaft bekommst (zumindest, wenn nicht mit Icelandair fliegst) – die Informationen in den automatisierten Mails gelten nämlich nicht unbedingt auf diesem zwar internationalen, aber dennoch kleinen und überschaubaren Flughafen. Mein Gepäck wurde z.B., entgegen der Info per Mail von Lufthansa, zum Glück, wie ich jetzt weiß, nicht umgeladen. Ich musste meinen Koffer selbst wieder einsammeln und neu aufgeben.

Im Nachhinein: gut so. Auch, wenn das bedeutete, dass ich den echt komfortablen Bereich hinter dem Security-Check wieder verlassen musste.

Ich wurde im Laufe des Tages nämlich mehrfach umgebucht auf Flüge, die dann auch wieder gecancelt wurden. Schließlich wurde ich doch für die Nacht in ein Hotel zurück nach Reykjavík gebracht – mit der Option auf einen neuen Versuch am nächsten Tag. Schade – so verbrachte ich leider den ganzen Tag untätig am Flughafen. Ich hätte die Zeit auch sinnvoll nutzen können, wenn ich vorher gewusst hätte, wie lange sich mein Aufenthalt verlängern würde. Aber gut. Das Leben ist kein Ponyhof – auch nicht auf Island.

Meine Betreuungsprobleme zu Hause wegen meiner unverschuldet unverhofft verlängerten Abwesenheit wurden gelöst – es gab ja keine Alternative. Ich wurde schließlich spätabends in ein Hotel zurück nach Reykjavík gebracht – in ein Hotel in einer gehobenen Preisklasse, das ich selbst wegen der hohen Kosten niemals gebucht hätte: mit Spa, Buffets und weiteren Annehmlichkeiten (die man nicht unbedingt braucht, aber natürlich nice-to-have sind: vor allem, wenn man dafür nicht selbst zahlen muss).

Leider konnte ich diesen unerwarteten Luxus dann aber nicht nutzen, da ich zu spät dort ankam (alles war schon zu) und ich sollte vor der Öffnung des echt vielversprechenden Frühstücksbuffets wieder abgeholt werden. Bisschen ärgerlich, aber nun gut. Ich habe immerhin sehr gut und komfortabel geschlafen.

Am nächsten Tag flog ich dann problemlos und ohne Verspätung zu meinem gebuchten Flughafen nach Hause. Die Transfers und die Unterkunft organisierte die Fluggesellschaft.

Allerdings ist auch hier eigenes Mitdenken angebracht.

Ich war echt froh, dass ich vor Ort einen routinierten Geschäftsreisenden traf, der alles regelte und dem ich mich vertrauensvoll anschloss. Verantwortung teilen oder abgeben empfand ich diesem Moment als sehr hilfreich – da wäre ein Mitreisender für mich ein echter Vorteil gewesen. In diesem Moment war ich froh und dankbar, dass ich mich jemandem anschließen konnte, der sich offenbar mit solchen Situationen auskannte. Manchmal ist es echt sehr angenehm, die Verantwortung in ungewohnten Situationen zeitweise mal abgeben zu können.

Info für alle nicht-Profi-Flieger wie mich: Auch, wenn du eine Mail bekommst, dass dein Gepäck in so einem Fall umgeladen wird: nein, wird es auf Island nicht. Und um eine Unterkunft musst du dich nicht selbst kümmern – aber du musst definitiv selbst zum Info-Schalter, wo dann alles organisiert wird.

Eine wunderbare, überaus beeindruckende Reise

Ich sitze bereits an der Planung für meine nächste Reise auf die Insel. So viele Eindrücke, die in Worten einfach nur ganz schwer zu beschreiben sind. So viele Dinge, die ich wegen meiner eigenen Unzulänglichkeiten verpasst habe. So viele Dinge, die ich noch sehen möchte.

Island hat mich süchtig gemacht und erfüllt mir einen Wunsch, den offenbar mittlerweile viele Menschen haben: Urlaub mit möglichst wenig Massentourismus. Leider ist Island mittlerweile (vermutlich genau aus diesen Gründen) auf dem Weg, zu einem international gehypten Urlaubsland zu werden. Hotels und neue Badelandschaften werden gebaut, Straßen werden asphaltiert, Zugänge zu Sehenswürdigkeiten werden ausgebaut und kostenpflichtig.

Schade – aber ich selbst bin ja als Tourist auch ein Grund für diese Aktivitäten.

Trotz der vielen Herausforderungen auf meiner Reise: Ich komme definitiv wieder. Da es dann erst meine zweite Island-Reise sein wird, werde ich weiterhin auf die Frühlings-/Sommermonate setzen (die Urlaubsplanung auf der Arbeit ist noch in vollem Gange, so dass ich leider vermutlich wieder erst recht kurzfristig buchen kann). Auch, wenn ich wirklich viele Ziele an der Ringstraße verpasst habe (und einige Ziele definitiv auf meiner nächsten To-do-list stehen), möchte ich gerne nächstes Mal ein weiteres Traum-Zielgebiet erkunden: Snæfellsnes und die Westfjorde. Ich werde auch bei der nächsten Island-Reise alleine unterwegs sein.

Um ein wenig unabhängiger zu sein, was die Unterkünfte angeht, werde ich mir, als bisheriger nicht-Camper, einen Mini-Camper buchen – ob das dann günstiger wird als Einzelzimmer, werden wir sehen. Auf jeden Fall werde ich unabhängiger und spontaner sein, hoffe ich. Und meine Reisedauer wird definitiv länger sein.

Mein Fazit

Island als Alleinreisender oder konkret in meinem Fall: als alleinreisende Frau: Kein Problem! Natürlich kommt es, wie immer, auf deine persönliche Einstellung an.

Ich habe mich selten so sicher gefühlt, wie auf Island – da bin ich tatsächlich zu Hause wesentlich mehr auf der Hut, wenn ich spätabends alleine mit dem Hund nochmal raus muss.

Vielleicht habe ich Glück gehabt. Vielleicht lag es an meiner Reisezeit, an meinen Aktivitäten. Ich hatte niemals den Eindruck, dass ich ausgenutzt wurde oder fühlte mich gar bedrängt.

Ich habe sehr viel Empathie und Hilfsbereitschaft erleben dürfen – ob von Isländern selbst oder von den vielen Ausländern, die auf Island in der Tourismusbranche arbeiten.

Was mir echt gefehlt hat: der Input eines Mitreisenden, die Möglichkeit, sich spontan über Erlebnisse auszutauschen oder die Übernahme des Steuers, wenn ich selbst müde war. Und natürlich ist eine Reise zu zweit auch einfach günstiger. Dafür muss man dann aber auch auf die Bedürfnisse eines Mitreisenden Rücksicht nehmen und eventuell Kompromisse eingehen.

Alles in allem: Meine Island-Reise als Alleinreisende war für mich ein voller Erfolg und ich möchte dich gerne ermutigen, das Wagnis und das Abenteuer einzugehen.

Ein paar persönliche Tipps zum Abschluss:

Dreh dich um! Egal, wo du unterwegs bist. Dreh dich einfach von Zeit zu Zeit um und betrachte die Landschaft hinter dir. Du kannst so unter anderem kaschieren, dass dich der Aufstieg gerade an den Rand deiner Belastbarkeit gebracht hat (eigene Erfahrung). Und ich verspreche dir, dass du einfach noch mal andere, überaus überwältigende Eindrücke von der Landschaft bekommst, durch die du dich gerade bewegst.

Mietwagen: Für mich selbst war mein im Verhältnis günstiger Kleinwagen im Frühsommer absolut ausreichend. Meine Planung umfasste aber auch nicht das Hochland. Für Touren durch das Hochland ist ein 4x4-Fahrzeug unbedingt nötig und auch vorgeschrieben (bitte informiere dich unbedingt vorher, ob dein Vermieter Fahrten ins Hochland und die Durchquerung von Furten zulässt!). Allein die Vorstellung, selber mit einem Auto durch einen Wasserlauf zu fahren, überstieg meine Abenteuerlust dann doch absolut (zumal das Hochland zu meiner Reisezeit schlicht noch nicht geöffnet war).

Später im Jahr kannst du, wenn du nicht selbst fahren möchtest, bei diversen Anbietern Tagesausflüge ins Hochland buchen – mein Plan für die nächste Reise. Für eine Tour alleine auf der Ringstraße ist (zumindest in den Sommermonaten) ein Kleinwagen absolut ausreichend. Größere Wagen bieten häufig mehr Komfort – hier kommt es auf deine persönlichen Vorlieben an.

Versicherung Mietwagen: Je nach persönlichem Sicherheitsempfinden kannst du selbst entscheiden, wie viel Risiko du eingehen möchtest. Für mich selbst ist im Urlaub ein rundum-sorglos-Paket absolut sinnstiftend – einfach, weil ich gerade *im* oder *nach dem* Urlaub keine Lust auf Diskussionen habe. Ich entscheide mich daher gerne für Versicherungen ohne Selbstbeteiligung – ist halt teuer. Ein bisschen Sorgfalt solltest du auf jeden Fall im Umgang mit einem gemieteten Objekt (hier: Auto) sowieso walten lassen – das gebietet ja eigentlich schon die Ehre, oder? Gegen *alles* kannst du dich eh nicht versichern, ein bisschen Risiko bleibt bei dir. Wie immer.

Ein Beispiel: Vom Wind weggerissene Autotüren sind meist nicht mitversichert – auch nicht mit dem rundum-sorglos-Versicherungs-schutz! Oder eine Fahrt bei Wetterwarnungen, obwohl davon abgeraten wird (und du möglicherweise deswegen sogar eine SMS der Autovermietung bekommst).

Auch bei den angebotenen Versicherungs-zusatzpaketen lohnt ein genauer Blick. Denn der Inhalt der Versicherungspakete ist, je nach Anbieter, durchaus unterschiedlich. Ein toll klingender Name bedeutet nicht zwangsläufig, dass du gegen alles versichert bist.

Bist du Raucher? Abgesehen davon, dass Zigaretten in Island sehr, sehr teuer sind: Wirf bitte keine Kippen auf den Boden – weder auf Island noch sonstwo! Eine einzelne Kippe braucht viele Jahre, um vollständig zu verrotten und verseucht bis dahin sehr viele Liter

Grundwasser. Ein kleiner Taschenaschenbecher hat mir selbst gute Dienste geleistet, die Kippen habe ich dann regelmäßig in öffentlichen Mülleimern (z.B. an Tankstellen) entsorgt.

Zigaretten habe ich mir im Duty-free-Shop bei der Ankunft auf Island besorgt und bin während meiner Reise damit ausgekommen. Meine nächste Reise wird länger – ob ich dann mit den Zigaretten aus dem Duty-Free auskomme? Zur Orientierung: Eine Packung Marken-Zigaretten mit etwa 20 Stück kostet auf Island im Schnitt zur Zeit ca. 11,- Euro, im Duty-Free-Shop etwa die Hälfte.

Alkohol: Alkohol ist ebenfalls sehr teuer auf Island. Wer dennoch nicht verzichten möchte, versorgt sich am besten im Duty-Free-Shop bei der Ankunft auf Island (oder zahlt halt entsprechend). Leichtes Dosenbier habe ich in Supermärkten gefunden, sonstiges Bier, Weine oder hochprozentigere Getränke gibt es in einem separaten *Vínbúðin* (die meist in der Nähe, aber eben separat vom Supermarkt zu finden sind.).

Zigaretten (und Feuerzeuge!) gibt es in vielen Supermärkten und an Tankstellen – aber nur auf

Nachfrage.

Ich bin mit meiner Flasche Wein aus dem Duty-Free und einigen Dosen Feierabend-Leichtbier sehr gut ausgekommen.

Die Öffnungszeiten der *Vínbúðin* sind meist abweichend von denen eines normalen Supermarktes.

Müll: Ein paar mitgebrachte Gefrierbeutel/ Butterbrottüten/Hundekotbeutel sind perfekt geeignet, um den kleinen Reise-Müll zwischendurch aufzunehmen: gebrauchte Taschentücher, Verpackungen von Sandwiches oder Ähnlichem. So fliegt kein Müll im Auto rum und die Beutel können dann bei der nächsten Möglichkeit in einem öffentlichen Mülleimer entsorgt werden. Mir haben darüber hinaus einige mitgebrachte (kleine) Müllbeutel außerdem gute Dienste geleistet.

Stopps an der Ringstraße: Gerade im ersten Teil meiner Ringstraßen-Rundfahrt (von Borgarnes nach Akureyri, im Uhrzeigersinn) gab es zwar eine Beschilderung – es war aber oft auch eine Lotterie, auf welcher Seite der Rastplatz dann war

– und oft war ich leider quasi schon dran vorbei, wenn ich ihn sah. Im Südosten/Süden war die Beschilderung wesentlich aussagekräftiger und die Stoppmöglichkeiten auch deutlich zahlreicher.

Moderater *Fuß vom Gas* war aber immer nach der ersten Ankündigung eines Stopps echt hilfreich, wie ich feststellte. Manche Stoppmöglichkeiten wurden gar nicht angekündigt – und wenn ich sie dann sah, war ich schon vorbei. Rückwärtsfahren ist natürlich keine Option. Bitte auch nicht einfach auf der Straße/am Rand halten – das hat schon viele Unfälle verursacht (einen Standstreifen gibt es meist nicht, nur einen schmalen, unbefestigten Rand). Kein Foto ist es wert, dass dadurch du selbst oder andere gefährdet werden.

Sehenswürdigkeiten werden per Hinweisschild angekündigt. Allerdings solltest du dann bereits wissen, um welche Sehenswürdigkeit es sich handelt. An manchen Hinweisschildern bin ich entspannt vorbeigefahren, weil ich den (isländischen) Namen nicht auf dem Schirm hatte.

Bleib entspannt, du bist im Urlaub! Ich bin wirklich oft von anderen Mietwagen, Reisebussen oder sogar LKWs überholt worden – obwohl ich selbst Strich 90 km/h fuhr (Tempomat).

Ich glaube, dass die Tachos der Mietwagen (oder zumindest der Tacho *meines* Mietwagens) möglicherweise manipuliert sind, denn die digitalen Verkehrszeichen, die die gefahrene Geschwindigkeit anzeigen, lagen immer ziemlich genau 4 km/h unter dem Tempo, den mein Tacho anzeigte. Gut für mich, denke ich! Zum Entschleunigen gezwungen. Knöllchen wegen zu schnell fahren: Sind sehr, sehr teuer (habe ich gehört).

F-Roads/gravel roads/gesperrte Straßen: Die F-Roads sind die Hochland-Strecken; aber auch die Ringstraße könnte ganzjährig tatsächlich manchmal teilweise gesperrt werden – wegen Wind, Schnee, Glätte oder sonst was.

Das Hochland war zu meinem Urlaubszeitpunkt (Mitte/Ende Mai 2023) noch komplett gesperrt. Nicht nur wegen der möglichen Unpassierbarkeit, sondern auch wegen der Schäden, die entstehen könnten, die (viele) Touristenfahrzeuge auf den antauenden Schotterstraßen verursachen könnten.

F-Roads führen oft durch Furten, die natürlich zum Zeitpunkt der Schneeschmelze noch mal eine ganz andere Dimension haben, als gegen Ende des kurzen isländischen Sommers.

Wenn Isländer eine Straße sperren, kannst du davon ausgehen, dass das nicht geschieht, weil die Isländer die Touristen ärgern möchten, sondern weil es ernste Gründe hat.

Für mich mit meinem Kleinwagen wären F-Roads eh keine Option gewesen (und sind in den Mietvereinbarungen sowieso ausgeschlossen) – und allein der Gedanke, mit dem Straßenfloh eine Furt zu durchqueren, ließ mich laut lachen.

Dennoch sah ich auch im Mai einige Fahrzeuge an den Kreuzungen ins (noch gesperrte) Hochland abbiegen.

Bitte sei oder werde dir bewusst, dass die Menschen, die dich möglicherweise aus prekären, von dir selbst verschuldeten Situationen retten, häufig Ehrenamtliche sind. Menschen, die selbst Familie haben, Menschen, die vielleicht gerade andere Aktivitäten geplant hatten. Von den Kosten, die auf dich zukommen würden, mal ganz abgesehen. Wetterwarnungen solltest du immer ernst nehmen!

Begrenzungen an Sehenswürdigkeiten: Die Isländer sind (noch) recht entspannt, was Verbote angeht. Wenn es welche gibt, solltest du sie auch berücksichtigen.

Auch an Sehenswürdigkeiten hielten sich die Gefahrenhinweise bisher in Grenzen (auf jeden Fall im Vergleich zu deutschen Verhältnissen).

Für ein paar Klicks auf Instagram an den Rand der Klippe über dem Wasserfall klettern? Ist es das wirklich wert? Retten werden dich im Fall der Fälle freiwillige Helfer, die sich für deine Rettung selbst in Gefahr begeben. Und die mögliche Entwicklung der Häufigkeit/Intensität der Warnhinweise kannst du dir selbst ausmalen.

Bargeld oder Kreditkarte? Ich selbst habe in meinen acht Tagen auf der Insel nicht einen einzigen Cent Bargeld benötigt. Meine eigens für Island angeschaffte Kreditkarte hingegen hat geglüht! Ich konnte alles, wirklich alles, mit der Karte zahlen. Selbst Toilettengebühren.

Für die Buchung eines Mietwagens wird meist eine richtige Kreditkarte verlangt, eine Debit-Kreditkarte reicht oft nicht aus. Ebenfalls wichtig: Du brauchst eine vierstellige PIN (und solltest sie auch kennen).

Wenn du jemand bist, der gerne immer etwas Bargeld in Landeswährung in der Tasche hat: Ein übersichtlicher Betrag ist ausreichend und sollte dann direkt auf Island am Automaten gezogen werden. Auf einigen Campingplätzen soll es Boxen geben, in die man Bargeld hinein werfen kann. Weiß ich nicht – habe ich nicht getestet und kann daher hierzu auch keine Aussage treffen.

Island ist europaoffen – du kannst auch im Notfall oft mit Euro bezahlen – dann allerdings zu einem vermutlich eher schlechten Wechselkurs.

Trinkgeld: In Island ist Trinkgeld nicht üblich. Ich habe dennoch häufig ein Trinkgeld gegeben, wenn mich der Service überzeugt hat.

Toiletten - menschliche Bedürfnisse: Auch, wenn ich mich noch so sehr um Zurückhaltung bemühte: im Laufe eines Tages "muss" man halt einfach mal. Öffentliche Toiletten (gerade an Sehenswürdigkeiten und damit eben nicht in Dörfern/Städten) sind häufig Dixi-Klos, also chemische Toiletten - aber ich selbst habe sie trotzdem oft als überraschend sauber erlebt.

Ich bin mit einer eher schwachen Blase "gesegnet" und habe deshalb sicherheitshalber, sobald irgendwo ein Klo oder eine Tankstelle angekündigt wurde, die dortige Toilette aufgesucht. Zunächst, weil ich mir dachte: besser, als irgendwo die Gegend zu verseuchen. Es dauerte ein wenig, bis mir auffiel: Es gibt nahezu nirgends an den Stopps an der Ringstraße einen Sichtschutz. *Mal eben in die Büsche neben der Straße*: mangels Büschen echt schwierig.

Mach dir bewusst, dass einfach immer jemand, häufig ein Privatmensch, für die Entsorgung deines Geschäfts bezahlt. Ich persönlich finde es ziemlich unfair, wenn jemand, der dich kostenlos auf sein Gelände lässt, für die Entsorgung deiner Hinterlassenschaften zahlen muss. Abgesehen davon, dass benutzte Papiertücher in Islands Natur nicht zu den Dingen gehören, die ich sehen möchte – vom Umweltaspekt mal ganz abgesehen.

Die Vorstellung der weiteren möglichen Entwicklung bei den wachsenden Touristenzahlen auf Island überlasse ich dir. Auf Island galt für mich der Grundsatz: *Du gehst, wenn du kannst, nicht erst, wenn du musst.*

Tanken: Ich hatte auf meiner Rundreise einen Kleinwagen als Mietwagen. Ich war im Spätfrühling/Frühsommer unterwegs, war alleine und wollte wegen meines knappen Zeitrahmens auf der Ringstraße bleiben.

Kleinwagen haben zwar einen kleinen Tank, aber sie verbrauchen wegen des geringen Eigengewichts auch nicht so viel Sprit. Ich hatte einen Durchschnittsverbrauch von 4,6 Liter Benzin auf meinem Trip.

Gerade in den eher dünn besiedelten Gebieten macht es auf jeden Fall Sinn, den Tankinhalt im Blick zu halten und lieber vorausschauend den Tank bei jeder sich bietenden Gelegenheit zu füllen (und dann auch gleich das dortige stille Örtchen aufzusuchen). Auch, wenn du in Deutschland vielleicht noch entspannt 100-200km weiter fahren würdest – du kannst dir halt nicht sicher sein, auf Island in diesem Radius eine geöffnete bzw. funktionierende Tankstelle zu finden.

Ich sah wirklich viele Elektrofahrzeuge auf

meiner Tour und gehe daher davon aus, dass Lademöglichkeiten entlang der Ringstraße ausreichend vorhanden sind. Beurteilen kann ich das allerdings nicht.

Kreditkarten: Eine Debit-Kreditkarte ist bei den meisten Autovermietungen nicht ausreichend, da für mögliche Schäden am Fahrzeug ein bestimmter Betrag als Kaution geblockt wird (was auf einer Debit-Kreditkarte nicht möglich ist). Grundsätzlich ist unterwegs auch das Zahlen mit der MaestroCard (hieß früher *Girokarte*) möglich; wegen der anfallenden Gebühren sollte sich jeder Reisende vorher bei seiner Bank informieren.

Ich habe mir für meinen Urlaub eine kostenlose VisaCard eines großen Kreditkartenanbieters geholt. Da ich die Beträge dort auch unterwegs zügig und kurzfristig ausgeglichen habe, hielten sich die vergleichsweise hohen Zinsen in Grenzen und mein Kreditrahmen war immer ausreichend.

Wichtig: eine vierstellige PIN. Wurde von mir bei jeder Zahlung gefordert. Ich habe während meiner kompletten Reise kein Bargeld benötigt.

Manchmal habe ich tatsächlich an sich unübliche Trinkgelder in Euro gegeben, was auch gerne genommen wurde (zumindest war das mein Eindruck). Wenn du isländische Kronen als Bargeld dabei haben möchtest, macht es wegen des günstigeren Wechselkurses Sinn, dieses in Island selbst an einem Bankomaten zu ziehen.

Und bei Zahlung mit Kreditkarte (falls das Gerät dich fragt): Nimm den Kurs in ISK, nicht den in EUR. Ist in den allermeisten Fällen günstiger für dich.

Tax-Free-Shopping: Wenn du in *einem* Geschäft (oder auch in mehreren Geschäften einer Kette) Waren (keine Lebensmittel) im Wert von (Mai 2023) mindestens 6000 ISK kaufst, kannst du dir die Mehrwertsteuer zu einem gewissen Anteil erstatten lassen. Die Geschäfte wissen das und stellen dir automatisch einen entsprechenden Beleg aus, den du ausfüllen und am Flughafen abgeben kannst. Genaue und aktuelle Infos kannst du auf der offiziellen Seite von https://www.government.is/ nachlesen.

Die Erstattung dauerte bei mir ca. acht Wochen. Es war nicht viel, aber eben besser als nichts. Ich habe allerdings von anderen Reisenden auch schon gehört, dass nichts erstattet wurde oder es wesentlich länger gedauert hat – ich ordne es daher eher unter *nice to have* ein.

Die Sprache: Die meisten Touristen sprechen erwartungsgemäß kein Isländisch. Ich habe festgestellt, dass ich bei vielen Worten tatsächlich die Bedeutung herleiten konnte (wenn ich die Worte so, wie ich sie als nicht-Isländer aussprechen würde, leise vor mich hin murmelte).

Isländer verstehen, die sich unterhielten: keine Chance, auch nur ansatzweise zu verstehen, worum es ging.

Mit Englisch kommt man in Island meist wunderbar klar. Nahezu jeder Mensch, den ich traf, sprach Englisch. Mal mehr, mal weniger gut, aber für mich immer verständlich (und auch ich wurde verstanden – niemand ist hier auf korrekte Grammatik versteift).

Die meisten Touren, die gebucht werden können, haben englischsprachige Guides – diese sind aber darauf ausgerichtet, in *einfachem* Englisch zu kommunizieren. Ich selbst habe auf meiner Tour nur zwei geführte Touren gehabt. Bei beiden war das Englisch des Guides sehr gut verständlich. Du solltest dir einfach im Klaren darüber sein, dass ein gewisses Grundverständnis der englischen Sprache nötig ist.

Alle Sehenswürdigkeiten, die ich mir anschaute, waren mit mehrsprachigen Hinweistafeln versehen. Die Erklärungen waren überwiegend zweisprachig: isländisch und englisch. Ich selbst war übrigens nach einer Woche so auf Englisch gepolt, dass ich auf meiner Rückreise im ICE von Frankfurt nach Köln den (deutschen) Sitznachbarn ganz selbstverständlich auf Englisch fragte, ob der Platz noch frei sei... Ich wurde dann später von ihm irritiert gemustert, weil ich auf Deutsch mit meiner Tochter telefonierte.

Internet/Roaming-Gebühren: Zumindest in meinem Handy-Vertrag gilt Island als EU-Gebiet. Bevor du einen HotSpot für den Mietwagen kostenpflichtig mitbuchst oder für das Navi im Auto extra zahlst, lohnt sich einen Blick in deinen Handyvertrag oder eine Nachfrage bei deinem Anbieter.

Für mich galten auf Island die gleichen

Konditionen/Flats, die auch für meinen Vertrag in Deutschland gelten: Ich navigierte mit Google-Maps, erhielt Nachrichten, Mails und Anrufe ohne Mehrkosten. Jede Unterkunft, in der ich war, stellte darüber hinaus kostenlos W-Lan zur Verfügung, so dass ich problemlos Fotos verschicken bzw. in die Cloud sichern konnte.

Sicherheitshalber hatte ich mir vor meiner Reise einige Karten aufs Handy heruntergeladen, damit ich notfalls auch offline hätte navigieren können. Brauchte ich glücklicherweise nicht, weil ich überall entlang der Ringstraße sehr guten Empfang hatte.

Mein Datenvolumen reichte für meinen Bedarf locker aus (weil ich eben abends immer das W-Lan der Unterkunft nutzte).

Wenn du im Hochland unterwegs sein möchtest, gelten vermutlich ganz andere Voraussetzungen.

Wind/Wetter: Autotüren, egal wo und wann, *immer* vorsichtig und mit festem Griff öffnen. Eine einzige Böe reicht, um dir die Tür aus der Hand zu reißen und umzuschlagen... Sinn macht es auf jeden Fall, immer *mit* dem Wind zu parken (die fünf-Minuten-Wetter-Regel!).

Wegen des häufigen und durch den Wind oft auch waagerecht fallenden Regens machen regenfeste Klamotten und auch der oft vergessene Schutz für deinen Rucksack auf jeden Fall Sinn.

Ich hatte feste Unterkünfte für meine Rundreise gebucht. Bei einem Aufenthalt mit einem Camper könnte das Trocknen der Kleidung möglicherweise ein Problem darstellen – habe ich aber (noch) nicht getestet. Auf jeden Fall kann ich aber sagen: Jeans sind bei unstetem Wetter tatsächlich eher nicht so geeignet. Regenfeste oder zumindest schnell trocknende Outdoorhosen oder eine Regenhose (die man auch mit angezogenen Schuhen einfach und schnell drüberziehen kann) machen definitiv Sinn.

Schlecht trocknende, nasse Jeanshosenbeine, dank denen dann auch die Stoffsitze im Auto nass werden, sind echt nicht angenehm.

Wenn es eine Windwarnung gibt (und spätestens, wenn dich die Autovermietung auch noch zusätzlich per SMS, Mail oder Anruf warnt), solltest du sie ernst nehmen. Auch bei einem gebuchten Versicherungspaket ohne Selbstbeteiligung könnte es sonst eine böse

Überraschung geben. Ich habe Autos (oft Camper) gesehen, die es einfach von der Straße geweht hatte. Keine schöne Urlaubserinnerung!

Zwiebelprinzip/Kleidung: warme Unterwäsche, mehrere Schichten (regendicht, winddicht, Mützen, Handschuhe) machen in Island zu jeder Jahreszeit Sinn! Auf jeden Fall ist es zu empfehlen, mehrere Schichten dabei zu haben. Und ja, auch im Sommer können dünne Handschuhe oder eine dünne Mütze definitiv Sinn machen.

Ich hatte das Glück, auch ein paar warme, sonnige Tage auf meiner Reise zu erleben und war froh um jede Schicht, die ich ablegen (und nach den üblichen fünf Minuten auch schnell wieder anlegen konnte). Meine Sonnenbrille war gerade bei Sonne an den langen, hellen Tagen ein wichtiges Utensil. Sonnencreme hatte ich selbst nicht dabei, wäre aber gut gewesen. Erfahrene Islandreisende empfehlen für die unterste Schicht Kleidung aus Merino-Wolle.

Wichtig sind auf jeden Fall gute Wanderschuhe, Hausschuhe oder Badelatschen und, je nachdem, was du planst, auch

Wasserschuhe. Flussquerungen zu Fuß kommen vor, und die Steine in einem Fluss können sehr rutschig und vor allem scharfkantig sein.

Badesachen solltest du auf jeden Fall einpacken – neben den Bädern gibt es auch in freier Natur viele heiße Quellen. Diverse Microfaser-Handtücher in verschiedenen Größen nehmen nicht viel Platz im Gepäck weg, trocknen schnell wieder und sind deshalb mehr als praktisch. Für mich wichtig: Eine Handtuchhaube aus Mikrofaser, die ich mir schnell um den Kopf wickeln konnte. Einen Föhn oder Elektrizität, um einen mitgebrachten Föhn zum Haaretrocknen benutzen, gibt es an den heißen Quellen in der Natur eher selten.

Parken: Viele Parkplätze auf Island sind (noch) kostenfrei. Allerdings gibt es eine erkennbare Tendenz, für das Parken an viel frequentierten Sehenswürdigkeiten eine Gebühr zu nehmen. Ich hatte mir im Vorfeld die beiden gängigsten Apps heruntergeladen: parka.is und EasyPark. An den Parkplätzen, auf denen ich war, hätte ich aber immer auch alternativ an den dortigen Automaten mit meiner Kreditkarte zahlen können.

Andenken/Mitbringsel: Island ist, neben Outdoorkleidung und Islandwolle für Lakritz und Skyr bekannt. Bestimmte Lebensmittel auf der Rückreise bitte nicht im Handgepäck mitnehmen, das wird ggfs. beim Security-Check aussortiert und landet dann auf dem Müll!

Auf meiner Rückreise sah ich unglaubliche Mengen an konfiszierten Lebensmitteln (in erster Linie wirklich enorme Mengen an Skyr). Zu Lakritz (Sorten und Marken) kann ich selbst nicht viel sagen, da ich es nicht mag, dafür solltest du aber online ausreichend Empfehlungen finden.

Eine sichere Quelle sind die aktuellen Empfehlungen des Auswärtigen Amts für Mitbringsel.

Ich selbst habe Schokolade, T-Shirts, besondere Salze (bekommst du zu günstigen Preisen im Supermarkt oder auch deutlich teurer in Souvenirläden), warme Wollsocken und Schmuck mitgebracht – und konnte dafür teilweise auch den Tax-free in Anspruch nehmen.

Sicherheit: Da ich jeden Tag in einer anderen Unterkunft übernachtete, blieb mein Auto oft während meiner Tagesaktivitäten mit meinem Gepäck auf öffentlichen Parkplätzen stehen: jo. Das war dann halt so. Meine wichtigen Dinge hatte ich eh immer im Rucksack dabei (die Menge war ja überschaubar).

Im Normalfall passiert auf Island nicht viel - Ausnahmen bestätigen aber leider auch dort mittlerweile die Regel. Fühl dich also nicht hundertprozentig sicher – das gibt es einfach nicht. Trotzdem gilt Island als eines der sichersten Länder der Welt.

Und eins kann ich definitiv bestätigen: Ich habe mich als Frau allein unterwegs immer sehr sicher gefühlt in Island. Lag sicher auch den sehr hilfsbereiten Menschen, die ich dort kennengelernt habe (egal, ob es sich dabei um Einheimische, ausländische Kräfte oder Touristen handelte).

Guesthouses: Unbedingt ein Paar Hausschuhe/Badelatschen mitnehmen! Bei den Guesthouses, die ich buchte, musste man die *Draußen*-Schuhe direkt im Flur ausziehen und war dann im Haus selbst nur mit Hausschuhen unterwegs. Dreck, gerade bei dem in Island häufigen Regen, bleibt somit in einem eng begrenzten Bereich. Ich finds gut.

Mit geteilten Bädern und Küchen solltest du klarkommen – dann ist diese relativ günstige und häufige Unterkunftsform wirklich empfehlenswert. Ein Hostel hätte meinen eigenen Geschmack eher nicht so getroffen – mich schreckte die Vorstellung, mit fremden Menschen in einem Raum nächtigen zu müssen.

Gepäck: Ich habe im Vorfeld sehr oft gelesen, dass viele Islandtouristen nur mit Handgepäck reisen. Für mich selbst war das keine Alternative. Ich bin halt kein routinierter World-Traveller. Für mich selbst machten die Aufschläge zu einem Flug mit Gepäck keinen großen Preisunterschied, da ich mit Lufthansa flog. Und ja: Mein eigener Koffer kommt sowieso gefühlt immer als Letzter auf dem Gepäckband an. Nervend – aber hallo: Ich hab ja Urlaub.

Man spart vermutlich etwas Zeit, wenn man nicht am Gepäckband auf den Koffer warten muss. Für mich war einfach wichtig, dass ich alles dabei hatte, was ich so brauchen könnte. Und ich habe auch Gepäck gespart: Ich habe meine (schweren) Wanderschuhe getragen, meine leichteren Alternativ-Schuhe hatte ich im Koffer.

Einige Klamottenschichten trug ich bereits – obwohl wir in Deutschland bei meinem Start gerade leckere 25 Grad hatten. Aber gut: Ich bin auch eher der frostige Typ Mensch – mir machte das nicht so viel aus.

Bedenke bitte, dass du jegliche Akkus, Festplatten, Fotoausrüstung oder Ähnliches im Handgepäck transportieren musst. Meine externe Festplatte lag übrigens (für mich völlig überraschend) gerade so unter den aktuellen Einfuhrbeschränkungen – auch diese Begrenzungen sind also offenbar einen Blick wert.

Jahreszeiten: Island ist eine Insel im Nordatlantik. Die Jahreszeiten, die du vom deutschen Festland her kennst, kannst du nicht einfach so auf die Insel übertragen. Auch im Mai oder Juni kann es durchaus noch schneien.

Der Sommer endet deutlich früher als auf dem kontinentalen Festland. Wind oder Sturm sind immer möglich – auch wenn die Wahrscheinlichkeit dafür in den Sommermonaten geringer ist. Ich war im Frühsommer dort, zu den anderen Jahreszeiten kann ich (noch) keine Erfahrungen teilen.

Rechne immer mit dem Unerwarteten, passe dich an die örtlichen Verhältnisse an und lasse dich auf das Abenteuer ein. Schließlich macht gerade diese Unplanbarkeit einen großen Teil einer Island-Reise aus.

Namen können täuschen (vor allem, weil Unterschiede für uns Touristen nicht immer sofort erkennbar sind): Es gibt Wasserfälle oder Fjorde, die genauso wie Städte heißen, die aber in völlig unterschiedlichen Regionen Islands liegen. Im Vorfeld informieren schadet grundsätzlich nie.

Ich war anfangs teilweise sehr verwirrt, wenn ich online z.B. nach Selfoss suchte und regional völlig unterschiedliche Ergebnisse bekam.

Die Kosten: Island ist wirklich teuer. Viele Dinge müssen kostenintensiv importiert werden.

Vielleicht sparst du notfalls ein wenig länger und genießt dann deinen Urlaub, ohne jede ISK dreimal umdrehen zu müssen. Sparen geht natürlich auf auf Island: Selber kochen statt essen gehen, z.B. gibt es an Tankstellen mittags häufig *soup of the day*, eine leckere und günstige Alternative zu den ebenfalls köstlichen Hot Dogs.

Einige isländische Wortbestandteile (als Orientierung für uns Touristen):

...*foss*: Deutet auf einen Wasserfall hin
...*fjördur*: Ist oft Teil eines Namens eines Fjords (manchmal aber auch Teil eines Städtenamens – an einem Fjord)
...*kirkja*: Bedeutet Kirche
...*vatn*: Ist meist im Namen eines Sees enthalten
...*jökull*: Teil des Namens eines Gletschers
...*gamla*: Bedeutet *alt* (nicht gammelig!)

Nützliche Seiten: Oft fand ich die Seiten im Browser informativer als die Apps.
https://en.vedur.is/ (Wetter)
https://www.road.is (Straßenzustand)
https://safetravel.is (Wetter/Warnungen)
https://vegasja.vegagerdin.is/eng/ Übersicht über die Straßenbeschaffenheit (asphaltiert oder Schotter)

Werbung: Ich erwähne einige Websites, Apps oder Plattformen und bekomme für die Erwähnung keine Gegenleistung. Die Erwähnung erfolgt rein subjektiv und nur aus meiner Erfahrung heraus.

Richtigkeit der Informationen: Ich bin selbst nur Island-Tourist, kein Einheimischer und auch definitiv kein Island-Experte. Dies ist ein subjektiver Reisebericht. Auch, wenn ich Informationen aus verschiedenen Quellen aufgesaugt habe, kann es vorkommen, dass ich Informationen in diesem Buch nicht korrekt wiedergegeben habe oder sich die Gegebenheiten zwischenzeitlich änderten. Die Informationen, die ich hier gebe, können daher nur als Anhaltspunkt für deine eigene Planung angesehen werden und erheben keinen Anspruch auf Korrektheit und Aktualität.

Und natürlich kannst du meine Berichte als Gedankenanstoß nehmen, ob du deine Reise allein und ohne Begleitung wagen möchtest.